매일매일 이 책의 아무 장이나 펼쳐서
한 쌍의 긍정적인 생각을 만나보자.
당신의 표정이 훨씬 더 밝아지고 있음을
깨닫게 될 것이다!

인생을 바꾸는 매일 긍정 생각

EVERYDAY POSITIVE THINKING

By Louise L. Hay and Friends
Copyright © 2004 by Hay House, Inc.
English language publication 2004 by Hay House, Inc., California, USA

Korean translation rights © 2025 by Daewon C.I. Inc.
All rights reserved.
This Korean edition is published by arrangement with InterLicense, Ltd. through Shinwon Agency.

인생을 바꾸는
매일 긍정 생각

Everyday Positive Thinking

마음을 단단하게 만드는 명사들의 문장 필사

루이스 헤이 지음 | 김문주 옮김

니들북

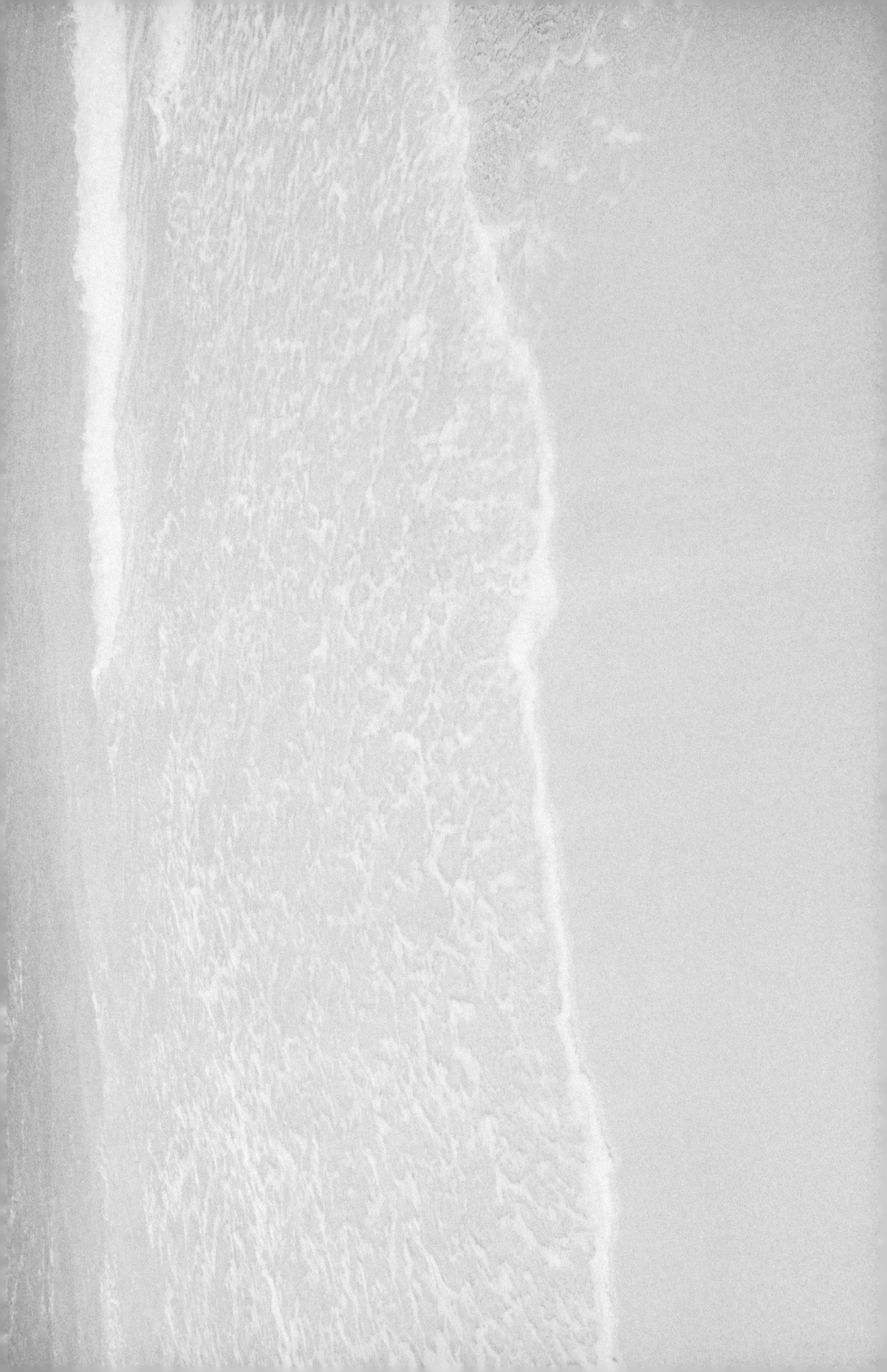

차례

I

긍정적인 생각이 원하는 미래를 창조한다 9

II

오늘의 행동이 나의 행복을 결정한다 103

III

나를 이해하고 세상과 소통하자 197

IV

자기 자신을 믿고 타인을 사랑하자 295

V

몸과 마음과 영혼을 하나로 연결하자 393

작가의 말 456 | 참고 문헌 457 | 함께 쓴 작가들 459

EVERYDAY POSITIVE THINKING

I

긍정적인 생각이 원하는
미래를 창조한다

1

The thoughts you choose to think and
believe right now are creating your future.
These thoughts form your experiences tomorrow,
next week, and next year.

지금 당신이 고민 끝에 결정하고 옳다고 믿는 그 생각이 미래를 창조한다.
이 생각들이 내일, 내주, 내년의 경험을 만들어낸다.

Release the need to blame anyone, including yourself.
We're all doing the best we can with the understanding,
knowledge, and awareness we have.

남 탓, 내 탓, 누군가의 탓으로 돌리고 싶은 마음은 내려놓자.
누구나 자기가 이해하고, 알고,
인식하는 범위 안에서 최선을 다하고 있으니까.

: 루이스 헤이 :

Date . . .

2

Send out love and harmony, put your mind and
body in a peaceful place, and then allow the universe to work
in the perfect way that it knows how.

사랑과 조화를 널리 전하면서, 몸과 마음은 평화롭게 내려놓자.
그리고 우주가 알고 있는 완벽한 방식대로 흘러가게 내버려두자.

Intention is a force in the universe,
and everything and everyone is
connected to this invisible force.

의도는 우주가 발휘하는 힘.
모든 인간과 만물은 이 보이지 않는 힘에 연결되어 있다.

: 웨인 다이어 :

Date . . .

3

Joy is a pure state of bliss, and it's attained by bringing
comfort and relief to other people.
Doing so will bring joy to your life every day.

기쁨은 지극히 순수한 행복의 상태를 뜻하며,
다른 이에게 위로가 되어주고 안도감을 줄 때 얻을 수 있다.
그렇게 함으로써 하루하루 삶에서 기쁨을 누려보자.

: 실비아 브라운 :

Milton said that within everyone, there is heaven and there
is hell. Choose heaven—release the regret and the guilt.
Remember that through love, God will ease your pain and
cement you back together.

밀턴은 천국과 지옥이 우리 안에 있다고 했다.
천국을 택하고, 후회와 죄책감은 내려놓아라. 기억하자,
하느님은 사랑으로 우리의 고통을 덜어주시고 회복시켜주시리니.

Date . . .

4

To be successful in your chosen career or work endeavor,
you must release any present karmic conditioning that
declares, "I can't do this". You can!

우리가 선택한 직업과 업무에서 성공하려면 "나는 할 수 없어"라고
단언하는 현재의 모든 부정적인 길들임을 날려버려야 한다.
우리는 할 수 있다!

: 디팩 초프라 :

When you recognize that you're a human being who
sometimes makes mistakes,
you won't get caught up in the illusion of self-importance.

우리가 가끔 실수도 저지르는 인간임을 의식할 때,
자만이라는 환상에 빠지지 않으리라.

Date . . .

5

The things that matter most in this world are those that carry no price tag, for they can neither be bought nor sold at any price.

이 세상에서 가장 중요한 것에는 가격을 매길 수 없다.
제아무리 돈을 많이 준다 한들 살 수도, 팔 수도 없기 때문이다.

: 수지 오먼 :

True generosity lies not in how much money you *have*, but whether the money you have coming in and going out passes through your heart back out into the world.

진정한 관대함은 얼마나 많은 돈을 가졌는가에서 나오는 게 아니라,
우리가 벌고 쓰는 돈에 진심을 담아
세상으로 다시 흘려보내는 데에서 나온다.

Date . . .

6

When life presents more challenges than you can handle,
delegate to God. He not only *has* the answer,
He is the answer.

인생에서 감당할 수 없을 만큼의 고난이 찾아오면 하느님께 맡기자.
하느님은 답을 알고 계실 뿐 아니라, 그 자체로 답이시다.

: 데비스 스마일리 :

We're all here for a purpose. Meditate on your mission,
then use your gifts and talents to live your life on purpose.
In doing so, you'll become an unending magnet for miracles.

우리는 모두 목적을 가지고 여기에 왔다. 자기 임무를 묵상하고,
재능과 능력을 발휘하며 목적에 맞는 삶을 살아내자.
그렇게 함으로써 우리는 기적을 영원히 끌어당기는 자석이 된다.

Date . . .

In asking for miracles, we're seeking a practical goal:
a return to inner peace.
We're not asking for something *outside* us to change,
but for something *inside* us to change.

우리는 기적이 오길 바랄 때 내면의 평화를 되찾아야 한다는
타당한 목표를 좇는다. 우리는 외부가 아닌
내면의 뭔가가 바뀌기를 바라야 한다.

: 메리앤 윌리엄슨 :

Life is like a book that never ends.
Chapters close, but not the book itself. The end of one
physical incarnation is like the end of a chapter, on some
level setting up the beginning of another.

인생은 끝나지 않는 책과 같다. 한 장(章) 한 장이 마무리되어도
책 자체가 끝나는 것은 아니다.
육체가 사그라지는 것은 하나의 장이 끝나는 것과 같아서,
어떤 면에서는 또 다른 장의 시작을 준비하는 것이다.

Date . . .

Highly proactive people don't blame circumstances,
conditions, or conditioning for their behavior.
Their behavior is a product of their own conscious choice.

준비성이 매우 철저한 사람은 자기가 처한 환경이나
상태, 또는 행동의 조건을 탓하지 않는다.
이들의 행동은 스스로 의식적으로 선택한 결과다.

: 스티븐 코비 :

An abundance mentality flows out of a deep
inner sense of personal worth and security.
It stems from the paradigm that there's plenty out there …
and enough to spare for everybody. It opens possibilities,
options, alternatives, and creativity.

풍요의 사고방식은 마음속 깊이 느끼는 개인의 가치와 안정에서
흘러나온다. 이 사고방식은 세상에 풍요로움이 존재하고
모두와 나눌 만큼 충분하다는 패러다임에서 비롯되며,
우리에게 가능성과 선택권, 대안과 창의성을 안겨준다.

Date . . .

9

Look for things to feel good about,
and watch how everything in your life will unfold to reflect
that good-feeling vibration.

기분 좋게 느껴지는 것들을 찾아보자. 그리고 인생의 모든 상황이
기분 좋은 진동을 받아 어떻게 펼쳐지는지 지켜보자.

: 에이브러햄-힉스 :

Your decision to reach for a thought that feels good is
a powerful decision, for it serves you in many ways.
The better-feeling thought reverberates within you,
opening passageways to well-being that
reach far beyond this one good-feeling thought.

기분 좋은 생각을 하겠다는 결심은 매우 효과적으로 도움을 준다.
기분이 더 좋아지는 생각은 우리 안에서 반향을 일으켜, 기분 좋은 생각을
훌쩍 뛰어넘고 행복으로 통하는 통로를 열어준다.

Date . . .

10

Feeling stuck or indecisive?
Listen to your intuition and make a decision!

마음이 갑갑하고 어쩔 줄 모르겠다고?
본능에 귀를 기울이고 결정을 내리자!

: 도린 버추 :

Surround yourself with positive people and situations,
and avoid negativity.

긍정적인 사람과 긍정적인 상황만 주변에 두고,
부정적인 태도는 피하라.

Date . . .

11

Say only what you mean. Avoid using the word to speak
against yourself or to gossip about others.
Use the power of your word in
the direction of truth and love.

진심 어린 말만 하자. 자신을 깎아내리거나 다른 사람들을
험담하려는 말은 피하자.
진실과 사랑을 위해 말에 담긴 힘을 활용하자.

: 돈 미겔 루이스 :

The whole world can love you, but that love will not
make you happy. What will make you happy is
to share all the love you have inside you.
That is the love that will make a difference.

온 세상이 당신을 사랑한다 해도, 그 사랑만으로는 행복해질 수 없다.
행복해지고 싶다면 내 안의 모든 사랑을 나누어야 한다.
그것이 바로 변화를 이끌어내는 사랑이다.

Date . . .

12

It's easy to get lost in endless speculation. So today,
release the need to know why things happen as they do.
Instead, ask for the insight to recognize
what you're meant to learn.

끝도 없이 추측만 하다가는 쉽게 방향을 잃고 만다.
그러니 왜 상황이 지금처럼 흘러가는지 알고 싶은 욕구를
당장 내려놓자. 대신에, 어떤 교훈을 얻어야 할지
깨닫기 위해 통찰을 구하자.

Mercy is a rare word, one hardly spoken. What are merciful
actions? Not judging another; speaking with kind words;
thinking compassionate thoughts about others.
May acts of mercy come your way.

자비는 좀처럼 듣기 어려운 드문 말이다. 그렇다면 자비로운 행동이란
무엇일까? 남을 비판하지 말고, 친절하게 말하고,
연민을 담아 다른 사람들을 생각하자.
당신에게도 자비로운 행동의 손길이 닿길.

: 캐럴라인 미스 & 피터 오키오그로소 :

Date . . .

13

Know your thoughts and assumptions,
and realize that you may have swallowed them whole.
Learn from your experiences.
Discard outdated beliefs and thoughts.

자신의 생각과 억측을 이해한다면,
이를 있는 그대로 믿어왔음을 깨닫게 된다.
경험에서 배우자.
철 지난 신념과 생각은 버리자.

: 브라이언 와이스 :

Wisdom is achieved slowly and is the active expression of
knowledge in your everyday life.
Loving service is the highest wisdom.

지혜는 서서히 얻을 수 있으며,
일상에서 앎을 적극적으로 표현하는 것이다.
사랑을 베푸는 봉사가 바로 가장 커다란 지혜다.

Date .   .   .

14

Release your perfectionism.
The process of life is always changing.
Demanding perfection holds the universe
in a straitjacket.

완벽주의를 내려놓자.
인생의 여정은 언제나 바뀌는 법이다.
완벽을 요구하는 것은 온 세상을 꼼짝 못 하도록
구속하는 것과 같다.

: 크리스티안 노스럽 :

A true partnership provides a safe place to take risks.
It also encourages mutual growth and evolution.

진정한 파트너십은 위험을 감수할 수 있게
안전한 피난처를 제공해준다.
또한 서로 성장하고 발전할 수 있게 용기를 북돋아준다.

Date .   .   .

15

The key to happiness is realizing that
it's not what *happens* to you that matters,
it's how you choose to respond.

무슨 일이 벌어졌는가가 아니라 어떻게 대처하기로 했는가가
중요하다고 깨닫는 것이 행복으로 통하는 비결이다.

: 키스 해럴 :

You don't have to let what others say affect you negatively.
Others may say the words, but *you* choose your attitude.

다른 사람들이 한 말이 당신에게 부정적인 영향을
끼치게 내버려둘 필요는 없다.
다른 사람들이 무슨 말을 하든 태도는 당신이 선택하는 것이다.

Date.

16

Count your blessings. A grateful heart attracts more joy,
love, and prosperity.

주어진 것에 감사하자. 감사하는 마음을 가질 때
더 많은 기쁨과 사랑, 번영을 누릴 수 있다.

Tell the truth. Integrity is
the key to living an authentic life.

진실을 말하라. 정직함은 진정한 삶을 살아가기 위한 핵심이다.

: 셰릴 리처드슨 :

Date . . .

17

Tests of faith are various trials and hardships
that invite you to surrender something of great value to God
even when you have every right not to.

믿음의 시험은 당신이 그러지 않아도 될 때조차 하느님께 소중한 것을
바치게 만드는 여러 시련과 고난으로 이루어진다.

: 브루스 윌킨슨 :

It doesn't matter whether you're short of money, people,
energy, or time. What God invites you to do will always be
greater than the resources you start with.

당신에게 돈이나 사람, 열정, 또는 시간이 부족하더라도 상관없다.
하느님이 이끄시는 일은 언제나 당신이 가지고 시작한 자원보다
더 위대할 테니까.

Date . . .

18

Until today, you may have realized that it's not loving to remain in situations that aren't working for you, hoping they'll get better. *Just for today*, realize that when you've done all you can do, there's simply no more you can do, and it's not healthy or productive to try!

오늘에 이르러서야 당신은 상황이 더 나아지길 바라면서 잘 풀리지 않는 상황을 견디는 것이 바람직하지 않다는 점을 깨달았을지도 모른다. 오늘만이라도 할 수 있는 일을 다 했다면 이제 당신의 손을 떠났다고 인정하자. 뭔가를 하려고 애쓰는 것이 항상 건강하거나 생산적이지는 않은 법!

How can you eliminate three things from your lifelong "to-do" list? Are you willing to shorten the list today? Release yourself from the obligation to do things that no longer hold any meaning for you!

일평생 꼭 해야 할 일들이 적힌 목록에서 세 가지를 지우려면 어떻게 해야 할까? 당장 이 목록을 간추리고 싶다면? 자신에게 더 이상 의미 없는 일들을 해야 한다는 의무감을 내려놓으면 된다!

Date.

19

Women need to receive caring, understanding,
and reassurance. Men need to receive trust, acceptance,
and appreciation.

여자에게 필요한 것은 배려와 이해, 안심이다.
남자에게 가장 필요한 것은
신뢰와 지지, 그리고 인정이다.

: 존 그레이 :

Her biggest struggle is maintaining her sense of self while
expanding to serve the needs of others.
His biggest struggle is overcoming the tendency to be
self-centered.

여자는 다른 사람의 필요에 맞춰주느라 상냥하게 굴면서도
자아감을 유지하려고 가장 힘겨운 노력을 쏟는다.
남자는 이기적으로 구는 성향을
억누르려고 가장 힘겨운 노력을 쏟는다.

Date .

20

Why organize? When we're organized, our homes, offices,
and schedules reflect and encourage who we are,
what we want, and where we're going.

정리는 왜 해야 할까? 정리된 집과 사무실,
일과는 우리가 누구인지, 무엇을 원하는지,
그리고 어디로 가고 있는지를 반영하고 격려해준다.

: 줄리 모건스턴 :

Start small. If you've lived in chaos your entire life,
create one oasis of order for now—no matter
how small—and maintain it for one month
before moving on.

작게 시작하라. 평생을 어지러움 속에서 살아왔다면,
작아도 상관없으니 질서 있는 쉼터를 먼저 마련하라.
그리고 한 달 동안 그 질서를 유지한 후에 다음 단계로 나아가라.

Date . . .

21

God has a great race for you to run. Under His care,
you'll go where you've never been and
serve in ways you've never dreamed.
But you have to release your burdens.

하느님은 당신이 달릴 위대한 경주를 마련해두셨다.
하느님의 보살핌을 받으며 단 한 번도 가보지 않은 곳에 가서
단 한 번도 상상한 적 없는 방식으로 봉사하게 되리니.
하지만 마음의 부담은 내려놓자.

: 맥스 루카도 :

Haven't you had enough change in your life?
Relationships change. Health changes.
The weather changes. But the God who ruled the earth last
night is the same God who rules it today.

인생에서 충분히 많은 변화를 겪어봤는가?
인간관계는 변하고, 건강도 변하며, 날씨도 변한다.
그러나 지난밤 세상을 다스리신 하느님은
오늘 세상을 다스리시는 하느님과 같은 분이시다.

Date .

22

Devote yourself to something or someone and honor that choice—no matter what.

누군가에게, 혹은 어떤 것에 헌신하고 그 선택을 존중하라.
어떤 선택이든 상관없다.

: 셰리 카터-스콧 :

Find the inner strength required when confronting danger, difficulty, or opposition.

위험과 어려움, 또는 반대에 부딪혔을 때
필요한 내면의 힘을 발견하라.

Date

23

These are your times, bought and paid for with thousands of
years of incarnations and work by your selves.
Claim this time! You are empowered to do so.
This is why you are dearly loved.

이 시대는 당신들의 것. 수천 년 동안 당신들이 쏟은
노력과 헌신을 대가로 치르고 구한 것이다. 이 시대를 누려라!
그대들에게는 그럴 수 있는 힘이 주어졌으니,
이것이 그대들이 몹시도 사랑받는 이유다.

: 크라이온 :

God is love, and love is the most powerful force in the
Universe. It will protect and serve you.

하느님은 사랑이고, 사랑은 세상에서 가장 강력한 힘이다.
그 힘이 당신을 보호하고 도와줄 것이다.

Date .

24

Sometimes you just need a good scream. Remember,
a good 'scream-a-logue' directed at no one is often more
effective than a dialogue or monologue.

가끔은 그저 시원하게 고함을 지르는 게 필요할 때도 있다.
기억하자. 특정인을 향하지 않는 선한 '고함'은
대개 대화나 혼잣말보다 효과적이다.

: 앤 윌슨 샤프 :

Work can be used to justify abusing yourself and others,
or ⋯ work can be used to express your creativity and
spirituality. The choice is yours.

일은 자신과 타인을 학대하는 것을 정당화하는 데 사용될 수 있다.
또는 창의성과 숭고함을 표현하는 데 사용될 수도 있다.
선택은 당신의 몫이다.

Date . . .

Always know when you've pushed beyond your limits,
and then bring yourself back to balance.

자신의 한계 너머로 떠밀렸을 때마다 이를 인지하고,
스스로 균형을 되찾아야 한다.

: 리언 낙슨 :

Be genuinely concerned for the welfare and
growth of others. Feel their strengths.

다른 사람들의 행복과 성장에 진심으로 관심을 기울이자.
그리고 그들의 장점을 느껴보자.

Date .

Each day, accept everything that comes to you as a gift.
At night, mentally give it all back. In this way,
you become free. No one can ever take
anything from you, for nothing is yours.

매일 당신에게 벌어지는 모든 일을 선물로 받아들이자.
밤마다 이를 마음으로 되돌려주자. 이렇게 당신은 자유로워질 수 있다.
그 누구도 당신에게서 아무것도 빼앗을 수 없다.
당신의 소유랄 게 없으니까.

: 다니엘 레빈 :

Feel the pain of others. Understand their struggles and
disappointments, their hardships and inadequacies,
and open your heart to them. Realize that everyone is
doing the best they possibly can. Judge no one.
But rather, cradle all of humanity in your heart.

다른 이들의 고통을 느껴라. 몸부림과 실망, 고난과 부족함을 이해해주고,
마음을 열어보자. 모두가 다 최선을 다해 살아간다는 사실을 인식하자.
그리고 다른 사람들을 비판하지 말자.
무엇보다도, 마음속에 온 인류를 품자.

Date .

27

When you make the effort to pay attention to the sights,
sounds, smells,
and sensations around you, you're encouraging
yourself to live in the present moment.

당신이 시각, 청각, 후각, 그리고 주변의 모든 감각에 주의를 기울이려
노력할 때, 현재의 순간을 충실히 살아가도록
스스로 격려하는 것과 같다.

: 디팩 초프라 :

Be confident enough to be able to voice your opinions
without fear of recrimination. As such,
you will inspire the same action in others.

비난받을까 봐 두려워하지 않고 자기 의견을 말할 수 있을 만큼
자신감을 길러라. 그렇게 함으로써 다른 사람들도
같은 행동을 하도록 용기를 북돋아줄 것이다.

Date .

28

When you're feeling fear with respect to money,
repeat to yourself: "I am strong, I am strong,
I am strength itself". You will find that your anxiety will be
replaced by a new feeling of confidence.

돈 때문에 두려워질 때마다 이렇게 되뇌어보자.
"나는 강하다. 나는 강하다. 나는 강함 그 자체다."
돈에 대한 불안이 새로운 자신감으로 대체되는 것을
발견할 수 있을 것이다.

When it comes to your money, do what makes you
feel safe, sound, and comfortable.
Trust yourself more than you trust others.
Believe it or not, you and you alone have the best judgment
when it comes to your money.

돈 문제와 관련해서는 안전하고, 건전하고, 편안하게 느껴지는 일을 해라.
다른 사람들보다 자기 자신을 더 신뢰해라. 믿기 어렵겠지만,
돈에 관한 한 최선의 판단을 내릴 수 있는 사람은 오직 당신뿐이다.

Date . . .

Regardless of your race, religion, or political affiliation,
never hesitate to question those in authority.

인종과 종교, 정파와 상관없이 권력을 쥔 자들에게
주저 없이 질문을 던져라.

태비스 스마일리

Avoid the enticement to be mean or argue.
Allow others to be right. As far as you're concerned,
be peaceful with everyone you encounter.

비열하거나 말다툼을 일으키는 유인책은 피하라.
다른 사람들이 옳을 수도 있음을 받아들여라.
당신과 관련이 있는 마주치는 모든 사람과 평화롭게 지내라.

Date . . .

30

A marriage is God's gift to a man and woman.
It is a gift that should then be given back to Him.
A marriage can be a blessing on the world, because
it is a context in which two people might
become more than they would have been alone.

결혼은 남자와 여자에게 주어지는 하느님의 선물이며,
그에게 되돌려줘야 할 선물이다. 결혼은 세상에 내려진 축복이다.
두 사람이 각자 혼자일 때보다 더 발전할 수 있는 관계이기 때문이다.

: 메리앤 윌리엄슨 :

Personal growth can be painful, because it can make us feel
ashamed and humiliated to face our own darkness.
But our spiritual goal is the journey out of fear-based,
painful mental habit patterns, to those of love and peace.

개인적인 성장은 고통스러울 수 있다. 내면의 어둠을 마주할 때
부끄럽고 치욕스러울 수 있기 때문이다. 그러나 우리의 영적인 목표는
공포가 담긴 고통스러운 정신적인 습관에서 벗어나
사랑과 평화가 담긴 곳에 닿는 여정을 떠나는 데 있다.

Date . . .

31

Don't take insults personally, sidestep negative energy, and look for the good in others. You can utilize that good—as different as it may be—to improve your point of view and enlarge your perspective.

모욕을 개인적으로 받아들이지 말자. 부정적인 에너지는 슬쩍 피하고, 다른 사람들에게서는 좋은 점만 보자. 당신과 다소 다를지라도 그 좋은 점을 활용해 관점을 발전시키고 시야를 넓힐 수 있을 것이다.

: 스티븐 코비 :

Create affirmations with these basic ingredients: They're *personal*, *positive*, in the *present tense*, *visual*, and *emotional*. Then, each day, visualize the realization of these affirmations. You'll find that your behavior and circumstances will change for the better.

다음과 같은 기본적인 요소를 갖춘 확언들을 만들어내자. 확언은 개인적이고, 긍정적이며, 현재형이어야 한다. 또한 머릿속에 그려볼 수 있고, 감정을 담아야 한다. 매일 이 확언들이 현실로 이뤄지는 모습을 떠올려보자. 당신의 행동과 환경이 더 훌륭하게 바뀌어가는 것을 깨닫게 될 것이다.

Date . . .

32

Trying to limit anybody about anything defies the Laws of
the Universe. It cannot be done. You cannot control others,
but you can control—and create—your own reality.

누군가가 뭔가를 하지 못하게 제한하려는 노력은 우주의 법칙에 반한다.
그런 일은 이뤄질 수 없다. 다른 사람은 통제할 수 없지만,
자신의 현실은 통제하고, 또 만들어낼 수 있다.

: 에이브러햄-힉스 :

You could have every disease known to man within you
today, and if you chose different-feeling thoughts tomorrow,
they would all leave your body.
The key is to not give any unwanted thing much attention.
When it doesn't feel good,
turn your attention someplace else.

당장 오늘은 이 세상에 존재하는 모든 병에 다 걸린 것 같겠지만,
내일이 되어 다른 기분으로 생각하면 그 병이 싹 물러날 것이다.
비결은 원치 않는 일에 큰 관심을 기울이지 않는 것이다.
좋은 기운이 느껴지지 않을 때는 다른 어딘가로 관심을 돌리자.

Date . . .

33

Try different ventures and experiences
as a way to grow and learn.

성장하고 배우기 위해서는 다양한 모험과 경험을 해봐야 한다.

: 도린 버추 :

You're more powerful than you realize.
It's safe for you to be powerful!

당신은 스스로 생각하는 것보다 훨씬 더 강한 사람이다.
당신은 강해지는 게 안전하다!

Date . . .

34

Whatever people do, feel, think, or say, don't take it
personally. Others are going to have their own opinion
according to their belief system, so whatever they think
about you is not about *you*,
but it is about *them*.

사람들이 무엇을 하고, 느끼고, 생각하고, 말하든지 간에 이를
개인적으로 언짢아하지 말자. 사람들은 저마다의 신념 체계에 따라
자기만의 의견을 가질 수 있다. 그러니 당신에 관해 무슨 생각을 하든,
관건은 당신이 아닌 그 사람들이다.

From now on, let every action, every reaction,
every thought, and every emotion be based on love.
Increase your self-love until the entire dream of
your life is transformed from fear and
drama to love and joy.

이제부터 모든 반응과 생각과 감정이 사랑에서 나오게 만들자.
당신이 살아오며 품었던 꿈 전체가 극적인 사건과 두려움이 아닌
사랑과 기쁨으로 변할 때까지 자기애를 더욱 키워나가자.

: 돈 미겔 루이스 :

Date .

Healing requires that you admit the truth about yourself.
Is there someone you hate or something you crave?
Are you an addict? Recognizing your struggles is the first
step toward healing.

치유받고 싶다면 자신의 진실을 털어놓아야 한다. 누군가를 미워하거나,
혹은 뭔가를 갈망하는가? 무엇에 중독됐는가? 자신이 무엇을 위해
고군분투하는지 인식하는 것이 치유를 받기 위한 첫걸음이다.

Consider this amazing possibility: You incarnated on this
earth just to experience the joy of being alive.
Do you even know what gives you joy?
Do something about that today.

당신은 생존의 기쁨을 누리기 위해 이 땅에 태어났다는
이 놀라운 가능성을 곰곰이 생각해보자.
무엇이 당신에게 기쁨을 안겨주는지 알고는 있는가?
이를 위해 오늘 당장 뭔가를 해보자.

Date .   .   .

36

You're not merely your physical self.
You existed before you came into your physical body,
and you will exist after you leave your body.

당신은 한낱 육체적 자아가 아니다.
당신은 육체를 가지기 전부터 존재했고,
육체를 떠난 후에도 존재할 것이다.

People are constantly changing and growing.
Don't cling to a limited, disconnected,
negative image of a person in the past.
See that person now.

사람들은 끊임없이 변하고 성장한다.
과거의 어떤 사람이 보여준 제한적이고 동떨어진
부정적인 이미지에 집착하지 말자.
그 사람의 현재를 바라보자.

: 브라이언 와이스 :

Date

Acknowledge the consequences of failing to
express who and what you really are.
True self-expression is based on self-examination,
integrity, honesty, and a willingness to change.

당신이 정말로 누구이고 어떤 사람인지 표현하는 데
실패한 결과를 인식하자. 진실한 자기표현은 자기반성과
진실성, 솔직함, 그리고 변화하려는 의지를 바탕으로 삼는다.

: 크리스티안 노스럽 :

Celebrate every relationship you've ever had.
For better or worse, your relationships are
your best teachers.

당신이 지나온 모든 인간관계를 기념하자.
좋든 싫든 인간관계는 최고의 스승이다.

Date .

Attitude is the foundation and support for everything
you do. It's the key element in the process of controlling
your destiny.

태도는 당신이 하는 모든 일의 근본이자 지지대다.
또한 당신의 운명을 통제하는 과정에서 핵심적인 요소다.

: 키스 해럴 :

For true happiness, look within yourself.
It's difficult to be happy if you rely on outside resources.

진정한 행복을 위해서는 내면을 들여다보자.
외적인 자원에만 기댄다면 행복해지기 어렵다.

Date . . .

Let go of the need to control.
Trust in the wisdom of a divine plan.

통제하고 싶은 욕구는 내려놓자.
신성한 계획이 지닌 지혜를 믿어라.

Honor your top priorities.
If it's not an absolute *yes*, then it's a *no*.

당신의 최우선 순위를 존중하라.
무조건 '그렇다'라고 답할 수 없다면,
그것은 '아니다'라는 의미다.

Date . . .

God wants to hear your requests, your worries,
and your praise and thanks. Risk being honest,
and expect His insight in return.

하느님은 당신의 요구와 걱정, 찬양과 감사를 모두 듣고 싶어 하신다.
솔직해지는 위험을 무릅쓰는 대가로
하느님의 통찰을 얻을 수 있기를 기대해보자.

: 브루스 윌킨슨 :

Asking is the beginning of receiving.
Through a simple believing prayer,
you can change your future.
You can change what happens one minute from now.

질문을 하는 것은 받아들이기 위한 시작이다.
믿음을 담은 소박한 기도를 통해 미래를 바꿀 수 있다.
잠시 뒤에 벌어질 일들을 바꿀 수 있다.

Date . . .

41

Until today, you may have been holding on to secret
thoughts and feelings. You may have been afraid to open
yourself up to self-examination or outside scrutiny.
Just for today, be willing to release those things stored in
your heart and mind that are causing you discomfort.

오늘에 이르기까지, 당신은 비밀스러운 생각과 감정에 매달려
있었을지도 모른다. 자기반성이나 외부의 철저한 조사 앞에
자기 마음을 모두 터놓기가 두려웠을 수도 있다.
오늘 하루만이라도 당신을 불편하게 했던
마음과 생각 속 전부를 기꺼이 풀어놓자.

What would it take for you to forget all your troubles?
Are you *willing* to simply forget all your troubles today?
When you remove your attention from a problem,
it gets bored and moves away!

골칫거리를 전부 잊으려면 무엇이 필요할까?
오늘 모든 골칫거리를 간단히 잊고 싶은가?
어떤 문제에 관심을 꺼버리면 그 문제는 지루해하다가 사라져버리리!

Date .

A man scores points with a woman if he does his best to contribute. A woman scores points with a man if she lets him off the hook when he makes a mistake.

남자는 여자에게 최선을 다해 헌신하며 호감을 산다.
여자는 남자가 실수를 저질렀을 때 눈감아주며 호감을 산다.

: 존 그레이 :

When a woman becomes overwhelmed, she retreats to her "well" to recharge. When a man becomes angry, he needs to go to his "cave" to cool off.

여자는 버거운 느낌이 들 때 재충전을 위해 자기 '우물'로 들어간다.
남자는 화가 날 때 화를 삭이기 위해 자기 '동굴'로 들어가야만 한다.

Date . . .

43

Circulate dormant possessions. Don't hang on to items you
aren't using just because you spent good money on them,
because if you ever need them again,
they'll probably find their way back to you.

묵혀둔 물건들은 다른 사람에게 넘기자.
비싼 돈을 들였다는 이유만으로 지금 쓰지도 않는 물건에 집착하지 말자.
그 물건은 다시 필요해지는 날 아마도 당신에게 돌아올 것이다.

: 줄리 모건스턴 :

Remove the obstacles.
Untangle the clutter that's standing between you and the
productive, fulfilling life that you crave.

장애물을 없애자.
당신과 당신이 추구하는 생산적이고 충만한 삶 사이를
가로막고 있는 잡동사니들을 정리하자.

Date . . .

44

God sleeps through storms and calms the winds with a word.
Cancer does not trouble Him, and cemeteries do not
disturb Him. He was here before they came.
He'll be here after they're gone.

하느님은 폭풍 속에서도 깊이 주무시고, 말 한마디로 바람을 잠재우신다.
암으로는 그를 곤란하게 할 수 없고, 묘지도 그를 불안하게 하지 못한다.
그는 그들이 오기 전에 이미 여기에 계셨고,
그들이 가버린 후에도 여기에 계실 것이다.

맥스 루카도

Are you in prison? You are if your happiness comes
from something you deposit, drive, drink, or digest.
Make a sincere effort to break out of
the prisons that confine you.

당신은 감옥에 갇혀 있는가? 모아둔 물건이나 소유한 자동차,
먹고 마시는 뭔가에서 행복을 느낀다면 감옥에 갇힌 게 맞다.
당신을 옭아매는 감옥에서 탈출하기 위해 진지하게 노력하자.

Date .

45

Be confident and modest about your own merits,
and understand your limitations.

당신만의 장점에 자신감을 가지면서도 겸손하라.
그리고 자신의 한계를 이해하라.

:세리 카터 스콧:

Acknowledge that you are
the source of your manifestations.

당신이 드러내는 모습의 원천은 당신이라는 사실을 인정하자.

Date.

Feeling stuck on your path? Celebrate it! Celebrate the knowledge that all is relative and that you may be stopped so that others may catch up. Would you deny them the participation in what you've created?

인생을 살아가다 꽉 막혀버린 기분이 든다고? 그 상황을 축하하자! 온 세상은 상대적이며 당신이 주춤하면 다른 사람들이 따라잡을 수도 있다는 깨달음을 축하하자. 당신이 만들어낸 것에 그 사람들이 끼어드는 것을 거부할 것인가?

There's nothing that existed in your past that cannot be changed *now*. You are the creator of the past and the future. Therefore, you create the whole *now*, even the things that you feel are unchangeable.

당신의 과거에 존재했던 것 중에 현재 바꿀 수 없는 것은 없다. 당신은 과거와 미래의 창조자다. 따라서 당신은 현재의 모든 것을 창조하며, 바꿀 수 없다고 느끼는 것들조차 만들어낸 장본인이다.

Date

EVERYDAY POSITIVE THINKING

II

오늘의 행동이
나의 행복을 결정한다

1

Have compassion for your parents' childhoods.
Know that you chose them because they were
perfect for what you had to learn.
Forgive them and set them free.

부모님의 어린 시절에 연민을 품자. 부모님은 당신이 배워야 했던
교훈들에 완벽하게 들어맞는 존재다. 그분들을 선택한 사람이
당신임을 깨닫자. 부모님을 용서하고 자유로이 놓아드리자.

: 루이스 헤이 :

Know that you are the perfect age. Each year is special
and precious, for you shall only live it once.
Be comfortable with growing older.

당신은 완벽한 나이임을 깨닫자. 삶은 단 한 번만 살 수 있기에,
한 해 한 해가 특별하고 소중한 법.
나이가 들어가는 것을 편안하게 받아들이자.

Date.

2

The intention of this universe is manifested in zillions of
ways in the physical world, and every part of you,
including your soul, your thoughts, your emotions,
and your physical body are a part of this intent.

이 우주의 의도는 물질계에서 어마어마하게 다양한 방식으로
표현되는데, 영혼과 생각, 감정, 그리고
몸을 포함한 당신의 모든 부분이 그 의도의 일부다.

: 웨인 다이어 :

Act as if anything you desire is already here.
Believe that all that you seek you've already received,
that it exists in spirit,
and know you shall have your desires filled.

당신이 욕망하는 것이 이미 여기 와 있듯이 행동하라.
당신이 추구하던 모든 것을 이미 손에 넣었으며
그런 것들이 마음속에 존재한다고 믿자.
그리고 당신은 욕망을 채우게 될 것이라고 인정하자.

Date.

3

People may try to ruin your reputation, and this can hurt.
But remember, it can only hurt your *feelings*. The world will
forget, so don't hold on to bad publicity or what others say.
You and God know the truth, so let the rest of it go.

사람들은 당신의 명예를 더럽히려고 애쓸 것이며,
이는 상처가 될 수 있다. 그러나 기억하자.
상처 입는 것은 오직 당신의 기분뿐이다. 이 세상은 금세 잊어버리니,
나쁜 기사나 다른 사람들의 말에 매달리지 말자.
당신과 하느님은 진실을 안다. 그러니 나머지는 그냥 흘려보내자.

: 실비아 브라운 :

If you don't move your body, your brain thinks you're dead.
Movement of the body will not only clear out the "sludge",
but will also give you more energy.
Treat your body like a car—keep it tuned up and it will run
for a very long time.

몸을 움직이지 않으면 뇌는 당신이 죽었다고 생각한다.
몸의 움직임은 '노폐물'을 치워줄 뿐 아니라 더 많은 에너지를 안긴다.
몸을 자동차처럼 다루자. 계속 손을 보면
아주 오랫동안 달릴 수 있을 것이다.

Date.

4

The greatest secret to making money and being successful is helping other people make money and be successful.

돈을 벌고 성공하기 위한 가장 중요한 비밀은
다른 사람들이 돈을 벌고 성공할 수 있게 돕는 것이다.

: 디팩 초프라 :

The small things you do every day—smiling at a stranger or paying someone a compliment—bring you closer to your spiritual truth, the purity of your soul.

매일 하는 사소한 행동들, 이를테면 낯선 이에게 미소를 보내거나
누군가를 칭찬하는 일을 통해 영적인 진실에 더 가까워지고
영혼을 순수하게 만들 수 있다.

Date.

5

Financial freedom comes when you take care of the people
and the places around you,
and you offer your services to God.

경제적 자유는 주변의 사람과 장소를 돌보는 데서 나오며,
이는 하느님께 헌신하는 것과 같다.

Money enables you to make choices, and the choices you
make with your money ultimately add up to your values.
It follows, too, that how much money you have will mirror
how much you *value* your money.

돈이 있으면 선택할 수 있는 것이 많아지고, 돈으로 내리는 선택은
궁극적으로 당신의 가치를 의미한다.
또한 당신이 얼마나 많은 돈을 가졌는가는 돈을 얼마나
소중히 여기는지를 보여줄 수 있다는 결론으로 이어진다.

Date . . .

6

Loosen up. You are never too old, too professional,
or too accomplished to laugh and be silly.
Allow yourself to play.
Let your inner child out and enjoy your life.

긴장을 풀자. 웃거나 유치하게 굴지 못할 정도로 나이를 먹거나
직업적으로 무르익거나 성공하는 법은 없다. 즐길 수 있는 자유를 가지자.
내면에 살고 있는 어린이를 드러내고 인생을 즐기자.

: 태비스 스마일리 :

Be open, honest, and honorable in all your endeavors.
Establish high standards, principles,
and values for yourself, then kick it up a level.
In everything you do, be true to *you*.

마음을 열고, 솔직해지자. 그리고 당신의 모든 노력을 명예롭게 생각하자.
스스로 높은 기준과 원칙, 가치를 세운 후에 이를 한 단계 높여가자.
당신이 하는 모든 일에서 있는 그대로의 모습을 보이자.

Date .

7

Look into the faces of the people you see in public each day,
and silently say: "The light of God in me salutes
the light of God in you".
Do it for five minutes minimum.
I defy you to do this each day and *not* be happy.

매일 밖에서 만나는 사람들의 얼굴을 바라보며, 속으로 이렇게 말해보자.
"내 안에 있는 하느님의 빛이 당신 안에 있는
하느님의 빛을 향해 경의를 표합니다." 적어도 5분 동안 실천해보자.
매일 이렇게 하면서 행복을 찾을 수 있는지 시험해보자.

Intimacy means that we're safe enough to reveal the truth
about ourselves in all its creative chaos.
If a space is created in which two people are totally free to
reveal their walls, then those walls, in time, will come down.

친밀함이란 우리가 이 모든 창조적인 혼란 속에서도
자신의 진실을 털어놓을 수 있을 만큼 안전하다는 의미다.
두 사람이 완전히 자유롭게 벽을 드러낼 수 있는 공간이 만들어졌다면,
그 벽은 언젠가 무너져 내릴 것이다.

Date . . .

8

Your example flows naturally out of your character,
the kind of person you truly are. Your character is constantly
radiating and communicating. From it, others come to
instinctively trust or distrust you and your actions.

당신의 본보기는 성격에서, 진실로 당신이 어떤 사람인지에서
자연스레 드러난다. 당신의 성격은 꾸준히 퍼지고 전달되어서,
다른 사람들은 이를 토대로 본능적으로
당신과 당신의 행동을 믿거나 믿지 않게 된다.

: 스티븐 코비 :

Contribute to others through your work,
your friendships, and through anonymous service.
Your concern need only be blessing the lives of others.
Influence, not recognition, becomes the true motive.

일과 우정, 그리고 이름을 밝히지 않는 봉사를 통해 다른 사람에게
기여하자. 당신이 관심을 가져야 할 부분은 오직 다른 사람들의 삶을
축복하는 것뿐이다. 인정이 아니라 영향력이 진정한 동기가 된다.

Date.

9

No one can create in your experience,
for no one can control where you direct your thoughts.
On the path to your happiness, you will
discover all you want to be, do, or have.

그 누구도 당신의 경험을 만들어낼 수 없다. 당신의 생각이 향하는 방향을
통제할 수 있는 사람은 없기 때문이다. 행복으로 통하는 길에서
당신이 되고 싶고, 하고 싶고, 가지고 싶은 모든 것을 발견하게 될 것이다.

: 에이브러햄-힉스 :

Even though you will return home at the end of any
vacation, the idea of your holiday is not to complete it as
quickly as possible so that you can check it off of your list.
The idea of your vacation—and of this life—is
to have a joyous experience.

휴가가 끝나고 집으로 돌아왔더라도, 휴가는 숙제처럼
재빨리 지워버리면서 마무리 짓지 않아야 의미가 있다.
휴가와 우리 인생의 의미는 기쁨이 넘치는 경험을 하는 것에 있다.

Date .

Let go of small thoughts about yourself!
See yourself succeeding.

자기 자신에 대한 편협한 생각은 몰아내라!
자신이 성공하는 모습을 지켜보자.

Make time to relax, be still,
and enjoy your solitude,
indulging in much–needed self-care.

긴장을 풀 시간을 가지고, 마음을 가라앉히자.
그리고 그동안 너무나 간절히 바랐던 대로
자신을 마음껏 돌보면서 고독을 즐기자.

: 도린 버추 :

Date .   .   .

11

When you surrender and let go of the past,
you allow yourself to be fully alive in the moment.
Letting go of the past means that you can enjoy the dream
that is happening right now.

과거를 포기하고 놓아주는 것은 자신이 지금 이 순간을
온전히 살아낼 수 있도록 허락해주는 것이다.
과거를 놓아준다는 것은 지금 당장 생겨나는
꿈을 즐길 수 있다는 의미다.

Take the responsibility to make new agreements with
those you love. If an agreement doesn't work, change that
agreement and create a new one.
Use your imagination to explore the possibilities.

사랑하는 이들과 새롭게 합의하는 책임을 떠맡자.
합의한 바가 제대로 흘러가지 않으면,
내용을 바꿔서 또 한 번 합의하자.
가능성을 모색하기 위해 상상력을 발휘해보자.

: 돈 미겔 루이스 :

Date

12

Here's a task: Be the bearer of only good news today.
In living out this task, note whether you find it difficult to maintain. And if so, discover why within yourself.

당신에게 주어진 임무 하나, 오늘 좋은 소식만 전하는 사람이 되자.
삶에서 이 임무를 지키기가 어렵게 느껴지는지 주의를 기울여보자.
어려움을 느낀다면 그 이유를 당신 안에서 찾아내자.

Forgive one person today.
Open your heart to that person, and release unnecessary suffering from the past.
Feel the peace that follows from this simple act.

오늘 한 사람을 용서하라. 그 사람에게 마음을 열고,
과거에 받은 불필요한 고통에서 벗어나라.
이 단순한 행동에서 생겨나는 평화로움을 느껴보라.

Date . . .

13

You can only control your reactions and attitudes to what happens to you. You cannot control the actual events. Learn the difference.

당신이 통제할 수 있는 것은 벌어진 일에 보이는 반응과 태도뿐, 실제 사건은 통제할 수 없다. 그 차이를 깨달아야 한다.

Love is the energy from which all people and things are made. You are connected to everything in your world through love.

사랑은 모든 사람과 사물을 만들어주는 에너지다. 당신은 사랑을 통해 이 세상 모든 것에 연결되어 있다.

: 브라이언 와이스 :

Date . . .

14

Identify the difference between self-nurturance and
addiction. Many individuals engage in addictive
behaviors or take addictive substances to cover up
emotions they can't handle.

자기 자신을 보살피는 것과 중독 간의 차이를 인식하자.
많은 사람이 스스로 감당하기 어려운 감정을 숨기기 위해
중독적인 행동에 빠지거나 중독성이 강한 물질에 의존한다.

: 크리스티안 노스럽 :

Take yourself and your creative life seriously.
Make time for self-expression. Be disciplined.
This is the way to develop your unique gifts and talents.

자기 자신과 자신의 창조적인 삶을 진지하게 받아들여라.
자기표현을 위해 시간을 내라. 규율을 지켜라.
이것이 당신의 독특한 재능과 소질을 개발하는 방법이다.

Date .

15

There are two kinds of people in the world:
those who pull you up and those who pull you down.
Identify the people who pull you up and
show them an attitude of gratitude.

이 세상에는 두 종류의 사람이 있다.
당신을 추켜세우는 사람과 당신을 끌어내리는 사람.
당신을 추켜세우는 사람을 알고 감사하는 태도를 보이자.

: 키스 해릴 :

Empowering beliefs strengthen you.
Today, create and focus on three empowering beliefs that
contribute to your positive attitude.

힘을 실어주는 신념은 당신을 강하게 만든다.
지금 당장 당신의 긍정적인 태도를 만들어줄,
힘을 실어주는 신념 세 가지를 만들어내고 집중하자.

Date .

Care for your body.
Self-love and self-acceptance are
the ultimate acts of self-care.

당신의 몸을 돌봐라.
자신을 사랑하고 스스로를 받아들이는 것은
궁극적인 자기돌봄의 행위다.

: 셰릴 리처드슨 :

Set a goal, write it down, and release the outcome.
Small steps make a big difference.

목표를 설정하고, 이를 기록하고, 성과를 공개하라.
작은 한 걸음 한 걸음이 커다란 변화를 만들어낸다.

Date . . .

17

Once you realize what God's invisible hand is
doing in your life—and you then respond positively—you'll
begin to flourish right away. And you'll wonder why you
settled for so little for so long.

하느님의 보이지 않는 손이 당신의 인생에서 무엇을 하고 있는지 깨닫고
긍정적으로 반응하면 금세 성공할 수 있다.
그리고 왜 그렇게 오랫동안 그토록 적은 것에
만족해왔는지 궁금해질 것이다.

: 브루스 윌킨슨 :

You'll make a huge spiritual leap forward
when you begin to focus less on beating temptation and
more on avoiding it.

당신이 유혹을 이겨내는 데 덜 집중하고
유혹을 피하는 데 더 집중하기 시작할 때,
영적으로 어마어마하게 도약할 것이다.

Date

18

How do you allow others to violate your boundaries?
Are you willing to secure your boundaries today?
Boundaries can only keep you safe
if you let others know that they exist.

왜 다른 사람들이 당신의 경계를 침범하도록 내버려두는가?
오늘 당신의 경계를 지키고 싶은가? 다른 사람에게 경계가
존재함을 알려야만 그 경계가 안전하게 지켜줄 수 있다.

Until today, you may have sacrificed
your peace of mind and spiritual balance to pursue
material wealth. *Just for today*,
examine whether your quest is a curse or a blessing.

오늘에 이르기까지, 물질적인 부를 좇느라 마음의 평화와
영적인 균형을 희생해왔을지도 모른다. 오늘 하루만이라도 당신이
추구하는 행위가 저주인지 축복인지 가늠해보자.

: 이얀라 반잔트 :

Date . . .

19

When you accept the fact that the only constant is change,
you'll no longer be willing to do damage to yourself and
others by refusing to accept it.
Welcoming change is welcoming life.

인생에서 변하지 않는 유일한 상수가 변화라는 사실을 받아들일 때,
더 이상 이 사실을 인정하지 않음으로써
자기 자신과 다른 사람에게 피해 입히는 일은 없을 것이다.
변화를 반기는 것은 삶을 반기는 것과 같다.

: 앤 윌슨 샤프 :

When your children don't fit in to your fantasies of
who you thought they should and would be,
it could be a compliment to you.

당신의 자녀가 당신이 기대하고 예상했던 모습에 어울리지 않을 때,
이는 오히려 당신에게 칭찬이 될 수 있다.

Date . . .

A woman's sense of self is defined through her feelings
and the quality of her relationships.
A man's sense of self is defined through his ability to
achieve results.

여자의 자아감은 감정과 인간관계의 질에 따라 정의된다.
남자의 자아감은 성과를 달성해내는 능력을 통해 정의된다.

: 존 그 레 이 :

Women thrive on communication
because it nurtures their female side.
Men thrive on appreciation
because it nurtures their male side.

여자는 소통을 통해 성장한다.
이로써 여성적인 면이 키워지기 때문이다.
남자는 인정을 통해 성장한다.
이로써 남성적인 면이 키워지기 때문이다.

Date . . .

21

Give yourself rewards for getting through
various stages of a project. Treat yourself to a movie,
call a friend, or go for a walk.

프로젝트의 다양한 단계를 헤쳐 나아가면서 자신에게 보상을 해주자.
영화를 보고, 친구에게 전화를 걸고, 아니면 산책하러 나가자.

: 줄리 모건스턴 :

Set your own pace. Some people thrive on huge,
dramatic change. Some people prefer the slow and
steady route. Do what's right for you.

당신만의 속도를 지켜라. 어떤 이는 거대하고
극적인 변화를 통해 발전하고, 어떤 이는 느리고 꾸준한 길을 택한다.
당신에게 맞는 대로 행동하라.

Date . . .

God will do the right thing at the right time.
And what a difference that makes!
Since you know that His provision is timely,
you can enjoy the present.

하느님은 적절한 시기에 적절한 일을 하실 것이다.
그리고 그게 얼마나 큰 차이를 만들어내는가!
하느님이 시의적절하게 대비해주심을 알고 있기에
현재를 즐겨도 좋다.

: 맥스 루카도 :

Demanding respect is like chasing a butterfly.
Chase it, and you'll never catch it. Sit still,
and it may light on your shoulder.

존경하기를 요구하는 것은 나비를 쫓는 것과 같아서,
뒤를 쫓아다녀서는 절대로 잡을 수 없다. 가만히 앉아 있으면,
어느덧 당신 어깨에 앉은 나비를 발견하게 될 것이다.

Date .

23

Consider that there's more than
enough for everyone.

모든 사람에게 충분하다고 생각하라.

Access your highest and deepest degree of
knowledge, insight, and understanding.

당신의 지식과 통찰, 이해가 가장 높고 깊은 수준까지
다다르도록 하라.

: 셰리 카터-스콧 :

Date .

24

If you wait until you become perfect before you love yourself,
you'll waste your whole life.
You're already perfect right here and right now.

자기 자신을 사랑하기에 앞서 완벽해지기를 기다린다면
평생을 낭비하게 될 것이다.
이미 당신은 지금 그 모습 그대로 완벽하니까.

: 루이스 헤이 :

We are all students and teachers. Ask yourself:
"What did I come here to learn,
and what did I come here to teach?"

우리는 모두 스승이자 제자다. 자신에게 묻자.
"나는 무엇을 배우고 가르치고자 여기에 왔는가?"

Date . . .

25

Everything you are against can be restated in
a way that puts you in *support* of something. Instead of
being at war, be at *peace*; instead of being against poverty,
be *for* prosperity.

당신이 반대하는 모든 것은 뭔가를 지지하는 방식으로
풀어 설명할 수 있다. 전쟁을 일으키는 대신 평화를 유지하자.
가난에 맞서 싸우는 대신 번영을 향해 나아가자.

If you don't love yourself, nobody else will. Not only that—
you won't be good at loving anyone else.
Loving starts with the self.

당신이 자기 자신을 사랑하지 않으면
그 누구도 당신을 사랑하지 않을 것이다.
그뿐 아니라 다른 누군가를 사랑하는 것도 서툴러진다.
자기를 사랑하는 것부터 시작하자.

Date.

Lies corrupt the soul. When you lie, you not only deceive
someone else, you fool yourself as well.
Spirituality is found in truth.

거짓말은 영혼을 망쳐놓는다.
거짓말을 할 때, 당신은 다른 사람을 속이는 것뿐 아니라
자기 자신을 기만하는 것과 같다.
영성은 진실에서 발견된다.

: 실비아 브라운 :

Treat your body with respect by feeding
it nourishing and nutritious foods.
If you're good to your body,
it will be good to you.

영양 만점의 음식을 섭취하며 자기 몸을 존중하자.
당신이 자기 몸을 소중히 여기면 몸도 당신을 소중히 여길 것이다.

Date . . .

27

When you recognize that your emotions, as well as 'others',
can be capricious at times,
you are better able to forgive and forget.

'다른 사람들'뿐 아니라 당신의 감정 역시 때때로 변덕스럽게
변할 수 있음을 인정한다면, 더 쉽게 용서하고 잊을 수 있다.

: 디팩 초프라 :

Good luck happens when an opportunity presents itself.
Meet it with preparedness.

행운은 기회가 스스로 모습을 드러낼 때 찾아온다.
준비성을 갖추고 행운을 맞이하자.

Date

28

Your financial life is like a garden. If you tend a garden carefully—nourishing the flowers, pruning and weeding—it's going to be a lot more beautiful than if you simply water it halfheartedly now and then.

경제생활은 정원과 같다. 꽃을 가꾸고, 가지를 치고, 잡초를 솎아내며 정원을 정성껏 가꾸면, 그저 영혼 없이 가끔 물이나 줄 때보다 훨씬 더 아름다워질 것이다.

: 수지 오먼 :

Money on its own has only the power to languish. You are the one who gives it the power to grow. Remember, your money is only as powerful ⋯ as you are powerful over your money.

돈 자체에는 사그라들게 만드는 힘만 있다. 여기에 성장할 힘을 더해주는 것은 바로 당신이다. 당신이 돈을 지배하는 만큼 당신의 돈은 힘을 얻는다.

Date . . .

You are your word. Say what you will do,
and do what you say. Never call your word into question
with lies, deceit, or misrepresentation.
Create credibility by honoring your word.

당신의 말이 곧 당신이다. 행하는 대로 말하고, 말하는 대로 행하라.
거짓말과 속임수, 또는 허위 진술로
당신이 한 말이 의심을 사게 하지 마라.
당신이 한 말에 책임을 지면서 신용을 만들어내라.

Know that everything you do comes back to you.
Step outside yourself and consider the consequence before
you make a move. If your action will bring peace to
yourself and others, it's the right thing to do.

당신이 저지른 모든 일이 되돌아온다는 사실을 명심하라.
당신만의 세상에서 벗어나 행동하기 전에 결과를 생각하라.
당신의 행동이 자신을 비롯해 모두에게 평화를 안겨준다면
그것은 마땅히 해야 할 일이다.

Date . . .

30

Your generosity toward others is key to your positive experiences in the world. Know that there's enough room for everyone to be passionate, creative, and successful. In fact, there's more than *room* for everyone;
there's a *need* for everyone.

다른 사람들을 관대하게 대하는 것이 이 세상을 긍정적으로
경험할 수 있는 비결이다. 모두가 열정적이고 창의적인 사람이 되고
성공을 거둘 수 있을 만큼 충분한 여유가 있다는 사실을 이해하자.
사실 모든 사람을 품을 여유만 있는 게 아니라, 이들을 필요로 한다.

∷ 마리앤 윌리엄슨 ∷

No matter what the illness or addiction or distorted physical expression, its cause is in the mind, and only there can it be healed. The greatest power you're given by God is the power to change your mind.

질병이나 중독, 또는 왜곡된 신체의 표현 같은 것들의 원인은
마음속에 자리하고 있으며, 오직 마음속에서만 치료될 수 있다.
하느님이 당신에게 내린 가장 위대한 능력은
마음을 바꿀 수 있는 능력이다.

Date

31

Decide what your highest priorities are, and have the courage and independent willpower to say no—pleasantly, smilingly, and unapologetically—to the things that are less important to you.

당신의 최우선 순위가 무엇인지 결정하자.
그리고 그다지 중요하지 않은 것들에 상냥하게 웃으면서
당당하게 거절할 수 있는 용기와 독자적인 의지를 갖추자.

:스티븐 코비:

Meditate, engage in daily prayers, read uplifting books, commune with Mother Nature—in some way try to remove yourself from the discord of the everyday world that invades your sense of inner peace.

명상하고, 매일 기도하고, 희망을 주는 책을 읽으며 대자연과 교감하라.
이는 내면의 평화에 대한 감각을 갉아먹는
일상 세계의 불협화음에서 멀어지는 방법이다.

Date.

Selfishly seek joy, because your joy is
the greatest gift you can give to anyone.
Unless you are in your joy,
you have nothing to give anyway.

이기적일 정도로 기쁨을 추구하라.
당신의 기쁨은 누군가에게 줄 수 있는 가장 위대한 선물이니까.
어쨌거나 당신이 기쁘지 않으면 아무것도 줄 게 없는 셈이다.

You are not here to fix anything, because nothing is broken,
but everything is continually changing and expanding.
Release your struggle, and seek joy and fun,
and in doing so, you will align with
the fantastic expanding rhythm of this Universe.

당신은 뭔가를 고치려고 이곳에 온 게 아니다.
아무것도 망가지지 않았지만 모든 것이 꾸준하게 변하고 퍼져나간다.
힘든 싸움을 멈추고, 기쁨과 즐거움을 추구하자.
그렇게 해서 당신은 환상적으로 커져가는
이 우주의 리듬과 조화를 이루게 될 것이다.

: 에이브러햄 힉스 :

Date .

33

Allow others to give you loving care.
Receive without guilt or apologies.

다른 사람들이 사랑을 담뿍 담아 당신을 돌볼 수 있게 허락하라.
아무런 죄책감이나 사과 없이 받아들여라.

Say positive affirmations each morning to
open the gates of manifestation.

실현의 문을 열기 위해 매일 아침 긍정의 확언을 읊어보자.

Date . . .

34

Find the courage to ask for what you want.
Others have the right to tell you yes or no,
but you always have the right to ask. Likewise,
everybody has the right to ask you for what they want,
and you have the right to say yes or no.

당신이 원하는 대로 부탁할 수 있는 용기를 품자.
다른 사람에게는 '그렇다, 아니다'를 말할 수 있는 권리가 있고,
당신에게는 언제나 부탁할 권리가 있다. 마찬가지로
모든 사람은 자기가 바라는 대로 당신에게 부탁할 수 있는
권리를 지녔고, 당신은 이를 받아주거나 거절할 권리를 지녔다.

: 돈 미겔 루이스 :

The supreme act of forgiveness is when you can forgive
yourself for all the wounds you've created in your own life.
Forgiveness is an act of self-love. When you forgive yourself,
self-acceptance begins and self-love grows.

용서라는 최고의 행위는 당신이 인생을 살면서 만들어낸 모든 상처를
스스로 용서할 때 이뤄진다. 용서는 자신을 사랑하는 행위다.
자신을 용서할 때 자기 수용이 시작되고 자기애는 커진다.

Date

35

We often blind ourselves to beauty precisely because it inspires us to go beyond ourselves. Today, find only beauty, especially when your first instinct is to be critical of someone, something, or some opportunity.

우리는 가끔 아름다움을 외면한다. 자기 자신을 넘어서야 한다고 부추기기 때문이다. 요즘 직감적으로 어떤 사람이나 대상, 기회에 대해 비판적으로 대하고 있다면, 오직 아름다움만 찾아보자.

Ask yourself, "What are my desires?" Then ask, "What are my genuine needs?" Discover how casually you desire things that have no real value for you. Then you'll realize how easily you lose your power.

스스로 "내겐 어떤 욕망이 있는가?"를 묻고 난 후, "내게 진정으로 필요한 것은 무엇인가?"를 묻자. 당신이 얼마나 아무렇지도 않게 아무 가치도 없는 것들을 욕망하는지 깨달아보라. 그러면 당신이 얼마나 쉽게 힘을 잃을 수 있는지 깨닫게 될 것이다.

Date .

36

To reach out with love, to do your best and not be so
concerned with results or outcomes—
that's the way to live.

사랑으로 다가가기, 최선을 다하기,
결과나 성과에 지나치게 매달리지 말기.
이것이 바로 삶의 방식이다.

: 브라이언 와이스 :

In this world, you learn through relationships,
not things. You can't take your things with you
when you leave.

이 세상에서 우리는 물건이 아닌 인간관계를 통해 배운다.
세상을 떠날 때 물건들을 가지고 갈 수는 없는 법이다.

Date .

Become a lifelong learner. Expose yourself to new ideas.
Take classes regularly. Resolve to remain teachable
throughout your life.

평생 배움을 놓지 말아라. 새로운 개념을 받아들여라.
정기적으로 수업을 들어라. 잘 배우는 사람으로
평생을 살아가겠다고 결심하라.

: 크리스티안 노스럽 :

Your surroundings, home, personal care, pets, clothing, and
body are all reflections of how you see and express yourself.
Do these reflect your true self?

주변 환경과 집, 개인위생, 반려동물, 옷, 그리고 몸은 자기 자신을
어떻게 보고 표현하는지를 비추는 거울과 같다.
당신의 진짜 자아가 이런 것들에 제대로 반영되어 있는가?

Date.

Goals are tools for focusing on your life and for
inspiring you to take action. Today, determine the worth of
your goals ⋯ because everything
you want may not actually be worth having.

목표는 당신의 인생에 초점을 맞추고 행동에 옮기도록 격려해주는
도구다. 지금 당장 목표가 지닌 가치를 정하자.
당신이 원하는 모든 것이 사실은 손에 넣을 가치도 없을지 모르니까.

: 키스 해럴 :

What has happened is not nearly as important as what can
happen. Look to the possibilities of your future for direction,
forsaking the burdensome limitations of your past.

이미 벌어진 일은 앞으로 일어날 수 있는 일만큼 중요하지 않다.
길을 찾고 싶다면 미래의 가능성에 의지하고,
과거의 힘겨운 제약들은 버려라.

Date .   .   .

39

Have a good cry.
Grief is a doorway to your deepest self.

실컷 울어라.
슬픔은 가장 깊숙한 내면에 자리한 자아로 통하는 문이니까.

: 셰릴 리처드슨 :

Schedule a sacred date with yourself.
You deserve time for *your* life.

자기 자신과 보낼 의미 있는 날짜를 정하라.
당신은 당신의 삶을 위해 시간을 내줄 가치가 있는 사람이다.

Date

40

Stand firm in knowing that God has already prepared a
significant life for you
that He will faithfully bring into being.

하느님이 이미 당신을 위해 의미 있는
삶을 마련해두셨음을 알고 꿋꿋이 버티자.
하느님은 의미 있는 삶을 충실히 선사해주실 것이다.

: 브루스 윌킨슨 :

Reach boldly for the miracle.
God knows your gifts, your hindrances,
and the condition you're in at every moment.

대담하게 기적을 구하라.
하느님은 당신의 재능과 방해 요인,
그리고 매 순간 당신이 처한 상태를 잘 알고 계시다.

Date . . .

41

Who needs to hear "I apologize" from you?
Are you willing to apologize to someone today?
An apology is not an admission of guilt or wrongdoing.
It's an acknowledgment that
you're willing to do better next time.

당신에게서 사과의 말을 듣고 싶은 자가 누구인가?
오늘 누군가에게 사과하려고 하는가? 사과는 죄책감이나 악행을
인정하는 것이 아니라, 다음번에는 더 잘하겠다는 인정이다.

Until today, you may have made excuses for the unkempt
and incomplete areas in your life. *Just for today*,
be devoted to acknowledging the things you've left undone,
unsaid, and incomplete.
Acknowledgment is the first step toward healing.

오늘에 이르기까지, 인생에서 단정하거나 완전하지 못한 부분들에 대해
변명을 늘어놨을 것이다. 오늘 하루만이라도 당신이 하지 않고,
말하지 않고, 완수하지 않은 채 내버려두었던 것들을 인정하는 데
몰두하자. 인정은 치유를 위한 첫걸음이다.

Date . . .

42

Dear one, who is it you will not talk to?
Who is it you will not forgive, dead or alive?
It is time for closure!

사랑하는 그대여, 말을 걸고 싶지 않은 사람이 있는가?
죽어도 용서 못 할 사람이 있는가?
이제는 그만두어야 할 때다!

: 크라이온 :

Take the word *victim* off of your person—out of your
vocabulary. It reeks with the old energy and
does not suit your magnificence.

당신에게서, 당신의 말에서 희생자라는 단어를 빼버리자.
그 말은 낡은 기운을 풍길 뿐,
위대한 당신에게는 어울리지 않으니까.

Date.

43

Feelings are just that—feelings.
They let you know when something isn't right.
It's what you do with them that matters.

느낌은 그저 느낌일 뿐. 느낌은 뭔가 부적절한 상황이 벌어졌을 때
이를 알려준다. 중요한 것은 그 느낌으로 당신이 어떻게 하는가다.

: 앤 윌슨 샤프 :

Good communication is a balance of speaking and sharing,
listening carefully and absorbing …
before you speak again.

훌륭한 대화란 당신이 다시 말을 꺼내기 전에 말하기와 나누기,
조심스레 귀 기울이기와 받아들이기가 균형을 이루는 것이다.

Date . . .

Women do not appreciate being told
how to change their feelings.
Men do not like being told what to do.

여자는 기분 바꾸는 법을 알려준다고 고마워하지 않는다.
남자는 해야 할 일을 알려주는 것을 싫어한다.

: 존 그레이 :

The more a woman feels the right to be upset,
the less upset she will be.
When men talk about their problems,
they're looking for solutions.

여자는 자신에게 화낼 권리가 있다고 느낄수록 화를 내지 않는다.
남자가 자신의 골칫거리에 관해 이야기할 때는
해결책을 찾고 있다는 뜻이다.

Date . . .

45

If you feel happier surrounded by a lot of stuff,
then don't try to create a spare, streamlined environment.
Instead, enjoy your possessions by organizing them.

수많은 물건으로 둘러싸여 있어서 행복하다 느끼면,
애써 여유롭고 간소한 환경을 만들지 마라.
대신에 당신의 소유물들을 정리하며 마음껏 즐겨라.

: 줄리 모건스턴 :

Are your closets, drawers, and cabinets filled up with things
that you never use?
Get rid of the excess to make room for what you love.

당신의 옷장과 서랍, 캐비닛이 전혀 사용하지 않는 물건으로
가득 차 있는가? 당신이 사랑하는 것들을 위한 공간을
마련하고 싶다면 넘치는 것들을 치워라.

Date.

46

Don't face death without facing God. Don't even speak of
death without speaking to God.
He and He alone can guide you through the valley.
And only God is committed to getting you there safely.

하느님을 마주하는 일 없이 죽음에 맞서지 마라. 하느님과 이야기를
나누기 전에 죽음을 입에 올리지 마라. 하느님은 당신이 골짜기를 건널 수
있게 이끌어주실 수 있다. 그리고 오직 하느님만이
당신이 그곳에 안전하게 도달하도록 헌신하시리라.

Be specific with your prayers. Give God the number of the
flight. Tell Him the length of the speech. Share the details of
the job transfer. He has plenty of time and compassion.
He doesn't think your fears are foolish or silly.
He's been where you are. He knows how you feel.
And He knows what you need.

기도는 구체적으로 하라. 항공편 정보를 언급하고, 연설문의 길이를
이야기하라. 이직의 상세한 내용을 공유하라. 하느님은 시간도 많고
연민도 많으신 분이다. 그리고 당신의 공포가 어리석거나 바보 같다고
생각하지 않으신다. 하느님은 당신이 있는 곳에 함께 계신다.
당신이 어떻게 느끼는지 알고, 무엇을 필요로 하는지 아신다.

: 맥스 루카도 :

Date . . .

EVERYDAY POSITIVE THINKING

III

나를 이해하고
세상과 소통하자

1

As your understanding of life continues to grow,
you can walk upon this planet safe and secure, always
moving forward toward your greater good.

삶에 대한 이해가 더욱 커지면,
우리는 이 지구를 안전하고 안정적으로 거닐면서,
언제나 더 큰 선(善)을 위해 앞으로 나아갈 수 있다.

: 루이스 헤이 :

You cannot learn other people's lessons for them.
They must do the work themselves,
and they'll do it when they're ready.

다른 사람의 교훈을 대신 배울 수는 없다.
해야 할 일은 스스로 해야 하며,
준비가 됐을 때 그 일을 해낼 것이다.

Date .   .   .

1
9
9

2

Forgiveness is the most powerful thing you can do for yourself on the spiritual path. If you can't learn to forgive, you can forget about getting to higher levels of awareness.

용서는 영적인 여정에서 당신이 스스로 할 수 있는 가장 강력한 행위다.
용서하는 법을 배우지 못한다면,
더 높은 수준의 깨달음을 얻는 법을 잊을 수도 있다.

: 웨인 다이어 :

All of the great teachers have left us with a similar message: Go within, discover your invisible higher self, and know God as the love that is within you.

모든 위대한 스승은 다음과 같이 비슷한 메시지를 전한다.
'내면을 들여다보고, 보이지 않는 고귀한 자신을 발견하라.
그리고 하느님은 당신 안에 존재하는 사랑임을 깨달아라.'

Date

3

Patience truly is a virtue, and it is one attribute that we all
have to perfect in one form or another.
Instead of getting impatient,
try doing a short meditation—breathe deeply and think
pleasant thoughts.

인내는 진정한 미덕이고, 우리가 어떤 형태로든 완벽하게 이루어야 하는
자질이다. 조바심을 내는 대신 잠깐 명상을 해보자.
심호흡을 하고, 즐거운 생각들을 떠올리자.

Whether due to death or divorce, the loss of a loved one
leaves a horrendous hole behind. The only way to achieve
wellness is to "get out of yourself" by immediately helping
others.

죽음 때문이든, 이혼 때문이든, 사랑하는 사람을 잃었을 때는
참혹한 공허함이 남는다. 행복을 얻을 유일한 방법은 당장
다른 사람들을 도우며 '자신에게서 벗어나는 것'뿐이다.

Date.

4

Recognize that when you're in balance,
you possess a level of strength and flexibility that allows you
to meet any challenge effortlessly.

당신이 마음의 평정을 유지하고 있을 때,
어떤 시련에도 수월하게 대처할 수 있는 수준의 힘과 유연성을
가질 수 있다는 사실을 인정하자.

: 디팩 초프라 :

If you can learn from every relationship and understand
how it came into your life, then no relationship needs to be
remembered with regret.

모든 인간관계에서 배우고 그 교훈이 삶에서 어떻게 작용할지
이해할 수 있다면, 그 어떤 관계도 후회스럽게 기억되지 않을 것이다.

Date . . .

5

Have the courage to discuss your financial situation with
your partner out of love, not greed—out of wanting the best
for each other—not only now,
but forever. Then no matter what happens,
you have nothing to lose.

욕심이 아닌 사랑에서, 서로에게 최선이 되길 바라는 마음을 가지고
당신의 경제적 상황을 파트너와 의논할 용기를 갖자. 지금뿐 아니라
앞으로도 마찬가지다. 그러면 무슨 일이 벌어지든 잃을 게 없을 테니.

How much money is enough? For each and every one of us,
that amount is different, unique as a fingerprint.
Seek and celebrate all that you can create,
then you will have all that you're meant to have.
That will be enough.

돈이 얼마만큼 있어야 충분할까? 사람마다 그 금액은 지문만큼이나
다르고 독특하다. 당신이 창조할 수 있는 모든 것을 추구하고 찬양하라.
그러면 손에 넣으려 했던 모든 것을 가지게 될 것이다.
그 정도면 충분하리라.

Date . . .

Each obstacle you overcome is a stepping-stone on your path
to greatness. Appreciate the obstacle,
for it empowers you to courageously face future barriers in
your quest for success.

당신이 극복하는 모든 장애물은 훌륭한 사람이 되기 위한 포석이 된다.
장애물에 감사한 마음을 가지자. 성공을 좇는 모험에서 만나게 될
장벽에 용기 있게 맞설 힘을 안겨줄 테니까.

: 태비스 스마일리 :

Put your heart into everything you do.
A lukewarm effort produces mediocre results.
Pour on the passion, and experience intense
success in all your achievements.

당신이 하는 모든 일에 몰두하라.
적당한 노력은 평범하기 그지없는 결과만 만들어낼 뿐.
열정을 쏟고, 모든 성과에서 치열한 성공을 맛보아라.

Date . . .

With your own kids, you have the chance to rewrite history—to parent them as you wish you had been parented. Thus does your own re-parenting occur. You release the future as you release the past.

자식은 당신에게 역사를 다시 쓸 기회를 준다.
부모님에게 바라던 방식대로 당신의 자식을 키워라.
그렇게 당신만의 재양육이 시작된다.
과거를 놓아주어야 미래도 자유로워질 수 있다.

: 메리앤 윌리엄슨 :

Heaven is within you. It has nothing to do with the thoughts of someone else, and everything to do with what you yourself choose to think. Forgiving everyone is your ticket to heaven, and your only way Home.
May you learn to think as God thinks.

천국은 우리 안에 있다. 다른 누군가의 생각과는 전혀 상관이 없고,
우리 자신이 생각하기로 결심한 것들과 관련이 있다.
모두를 용서하는 것이 천국으로 들어가는 입장권이며, 집으로 돌아갈
유일한 방법이다. 하느님의 방식대로 생각하는 법을 배우길.

Date .

8

Learn to delegate responsibility. Transferring responsibility
to other skilled and trained people enables you to devote
your energy to other high-leverage activities. Delegation
means growth, both for individuals and organizations.

책임을 위임하는 법을 배워라. 노련하고 숙달된 사람에게 책임을
넘길 때 당신은 효율 높은 다른 활동에 에너지를 쏟을 수 있다.
위임은 개인과 조직 모두에게 성장을 의미한다.

: 스티븐 코비 :

By focusing on relationships and results rather than time
and methods, you can become a listener,
a trainer, and a consultant to those in your sphere of
influence. Your effectiveness—and that of those around
you—will increase dramatically.

시간과 방법 대신 인간관계와 결과에 초점을 맞출 때,
당신이 영향력을 발휘할 수 있는 범위 안의 이들에게
이야기를 들어주는 사람이자 훈련관, 그리고 상담가가 될 수 있다.
당신과 주변 사람들의 효율성은 극적으로 올라갈 것이다.

Date . . .

9

If the way you feel depends on anything outside of you,
you're in trouble—but if you depend only upon your
connection with your own Inner Being, then everything in
your experience falls into alignment.

당신이 느끼는 방식이 외부의 문제에 따라 달라진다면 어려움을
겪게 된다. 그러나 내면의 존재와의 연결에 좌우된다면
당신이 경험하는 모든 것은 조화를 이루게 된다.

Whatever you desire—and then allow—you must experience.
There is no exception to that.
As you hold yourself in vibrational alignment with
your own desire, you will experience,
in all ways, the fulfillment of that desire.

무엇을 욕망하고 허락하든지 간에 반드시 경험이 뒤따라야 한다.
여기에는 예외가 없다. 자신의 욕망이 만들어내는 진동과 조화를 유지할
때, 당신은 모든 면에서 그 욕망이 충족되는 경험을 할 것이다.

Date .   .   .

10

Let go of old guilt,
and remember that you're God's perfect child!

오랜 죄책감은 떠나보내고,
당신이 하느님의 완벽한 자식임을 기억하라!

Notice repetitious signs and your inner guidance,
as this can yield valuable information.

내면에서 계속 반복되는 신호와 지시에 주목하자.
그것으로부터 소중한 정보를 얻을 수 있다.

Date

11

Your *body* is a living temple where God lives.
Your *mind* is a living temple where God lives.
God is living within you as Life. The proof that God lives
within you is that you are alive. Your *Life* is the proof.

당신의 육체는 하느님이 계시는 살아 있는 사원이다.
당신의 정신은 하느님이 계시는 살아 있는 사원이다.
하느님은 생명으로서 당신 안에 살아 계신다.
하느님이 당신 안에 계신다는 증거는 당신이 살아 있다는 증거다.
당신의 생명이 곧 증거다.

: 돈 미겔 루이스 :

All the magic you possess is based on your word,
and you cast spells all the time with your opinions.
You can either put a spell on someone with your word,
or you can release someone from a spell.

당신의 모든 마법은 말을 바탕으로 하고, 언제나 의견을 통해
마법을 부린다. 당신은 말로 누군가에게 마법을 걸 수도 있고,
마법에서 풀려나게 할 수도 있다.

Date .

12

A visit or a call from a friend can heal you.
You can also heal a friend in this same way.
Is there someone you've been wanting to contact but haven't
made time for? Today, make the time.

우리는 친구의 방문이나 전화로 치유되고, 친구 역시 같은 방법으로
치유될 수 있다. 연락하고 싶지만 시간을 낼 수 없던 사람이 있다고?
그렇다면 오늘 당장 시간을 내보자.

Help others quietly, without expecting gratitude or rewards.
Let the healing power of your spirit run through
your hand as you reach to touch another,
but say nothing to the person you help.
Learn to give invisibly.

감사나 보상을 바라지 말고 조용히 다른 사람들을 돕자.
상대에게 손을 내밀어 당신 영혼의 치유력이 전달되도록 하자.
다만 도움을 주는 사람에게 아무 말 하지 말 것.
보이지 않는 곳에서 베푸는 법을 배워라.

Date . . .

If you're evolving into a more loving, more compassionate,
less violent person, then you're moving
in the right direction.

당신이 더 사랑스럽고, 더 자비로우며,
덜 폭력적인 사람으로 진화하고 있다면,
올바른 방향으로 잘 나아가고 있다는 뜻이다.

It's better to speak from your heart with
everyone you communicate with.
Otherwise, anger will creep in, and you'll resent the person
or the obligation.

당신과 소통하는 모든 사람에게 진심을 담아 이야기하는 것이 좋다.
그렇지 않으면 분노가 스멀스멀 올라오면서,
사람이나 의무에 쉽게 분개하게 될 것이다.

: 브라이언 와이스 :

Date . . .

14

Know when to take action to change or leave a partnership.
Know when to allow it to remain as is.
In a true partnership, each member is free to leave.

변화를 위해 행동하거나 파트너십을 저버려야 할 때를 알자.
지금 이대로 유지되도록 내버려두어야 할 때를 알자.
진정한 파트너십에서는 각 구성원에게 언제든 떠날 자유가 있다.

: 크리스티안 노스럽 :

All creations need care and feeding. Water and fertilize your creations and dreams with positive, uplifting emotions, thoughts, and love.

모든 창작에는 돌봐주고 먹여주는 손길이 필요하다.
긍정적이고 희망적인 감정과 생각, 사랑으로
당신의 창작과 꿈에 물과 거름을 주자.

Date . . .

There's no statute of limitations on forgiveness.
In the presence or absence of explanation,
forgive yourself and forgive others.

용서에는 공소시효가 없다. 해명을 듣지 못했더라도
당신 자신을 용서하고 다른 이들을 용서하라.

: 키스 해럴 :

Smile and laugh often! Each day, find something happy,
joyful, and funny about life—smile and laugh, smile and
laugh, and smile and laugh again.

자주 웃고 미소 짓자! 매일 삶에 관한 행복하고 기쁘고
재미있는 뭔가를 찾아내자. 그리고 웃고 미소 짓고,
웃고 미소 짓고, 또다시 웃고 미소 짓자.

Date .

16

Think BIG.
There are unseen forces ready to support your dreams.

넓게 생각하라.
당신의 꿈을 지지해주는 보이지 않는 힘들이 준비하고 있으니.

: 세릴 리처드슨 :

Connect with someone special.
A loved one is a gift to treasure.

특별한 누군가와 인연을 맺자.
사랑하는 사람은 소중히 간직해야 할 선물이다.

Date . . .

God's actions are all intended to nudge you—lovingly, wisely, persistently—toward the life and character you desire but can't reach without help.

하느님의 행동에는 모두 당신이 간절히 바라지만
도움 없이는 이룰 수 없는 삶과 인물을 향해 다정하고 현명하게
꾸준히 이끌어주려는 의도가 담겼다.

: 브루스 윌킨슨 :

Be assured that, at the right time, God will provide you with the right words to say and a boldness to say them that you never thought possible.

적절한 시기에 하느님은 당신이 해야 할 적절한 말과 함께,
예전에 미처 하지 못했던
그 말을 할 수 있는 용기를 안겨주실 것이다.

Date . . .

18

How can you bring some excitement into your life?
Are you willing to experience excitement today?
Excitement is the result of doing the very thing
you've convinced yourself you can't do!

어떻게 하면 인생에서 짜릿함을 느낄 수 있을까?
오늘 짜릿함을 경험하고 싶은가? 짜릿함은 당신이 할 수 없으리라
확신했던 바로 그 일을 해냈을 때의 결과다.

Until today, you may have been holding on to
something or someone, not realizing that its purpose
in your life has been served. *Just for today*,
surrender all attachments to the people and things you've
been struggling to hold on to.

오늘에 이르기까지, 인생의 목표를 달성했음을 깨닫지 못하고
어떤 사람이나 대상에 집착하고 있을지도 모른다.
오늘 하루만이라도 당신이 힘겹게 매달렸던 사람이나 대상에 대한
모든 집착을 내려놓자.

: 이얀라 반잔트 :

Date . . .

19

Develop an unshakable allegiance to
someone or something.

어떤 사람이나 대상에 대한 굳건한 충성심을 길러보자.

Perceive things as equitable,
then anticipate justice prevailing.

사물을 공정하게 인식하자.
그리고 정의가 승리하길 기대하자.

: 셰리 카터-스콧 :

Date . . .

20

If you call upon the names of your beloved ones who have passed, you might be interested to know that a piece of them is with you. Part of their spiritual contract is to be with you in this way. It is the same for you when you leave the earth.

세상을 떠난 사랑하는 이의 이름을 떠올리다 보면, 그 사람의 일부가
당신 곁에 남았는지 궁금해질 수 있다.
이들의 영혼은 이런 식으로 당신과 함께 남도록 계약을 맺었다.
당신이 세상을 떠났을 때도 이 계약은 똑같다.

: 크라이온 :

Visualize in your mind the perfect solution without knowing what it is! Visualize the challenge being over and being peaceful with everything around you.
Don't tell Spirit how to solve it. Instead,
visualize it being finished.

뭔지 몰라도 완벽한 해결책을 마음속에 그려보자.
물리쳐야 할 도전과 주변의 모든 것과 평화롭게 지내는 모습을 그려보자.
이를 어떻게 해결할 것인지 영(靈)에게 묻지 말자.
그 대신 해결이 끝난 모습을 그려보자.

Date .

21

When you respect your anger and deal with it,
you discover doors into your inner being that
weren't obvious before.

당신의 분노를 존중하고 다룰 때, 예전에는 확실하지 않았던
내적 존재로 이어지는 문을 발견하게 될 것이다.

: 앤 윌슨 샤프 :

Giving up blaming others for your unhappiness,
your perceived failures, and your life may leave you silent
for a while. But the silence is worth it.
It leads to clamoring awareness.

당신이 겪은 불행과 널리 알려진 실패, 그리고 삶에 대해 다른 사람들을
비난하기를 포기하면 한동안 침묵만 남을 것이다.
그러나 이 침묵은 충분히 가치가 있다.
곧 사람들은 소란스레 당신을 알아봐줄 것이다.

Date.

A man's greatest challenge is to take responsibility for
his contribution to a problem.
A woman's greatest challenge is to let go of her resentment
and find forgiveness.

남자가 마주하는 가장 큰 고난은 자신이 일으킨 문제에
책임을 지는 것이다. 여자가 마주하는 가장 큰 고난은
분노를 내려놓고 용서를 구하는 것이다.

: 존 그레이 :

Women love to care for their men, but primarily,
they need to feel cared for themselves. Men need to feel
cared for, but primarily, they need to feel successful in
fulfilling their partners.

여자는 남자를 보살피기 좋아하지만, 무엇보다도 자신이 보살핌을
받는다고 느껴야 한다. 남자는 보살핌을 받는다고 느낄 필요가 있지만,
무엇보다도 파트너를 성공적으로 만족시켰다고 느껴야 한다.

Date . . .

23

Letting go of unused items can put extra cash in your pocket.
Donate them for the tax deduction,
or resell them at a garage sale or consignment shop.

사용하지 않는 물건을 내보내면 여분의 돈이 생길 수 있다.
세금 공제를 위해 물건을 기부하거나,
벼룩시장이나 위탁판매로 되팔자.

: 줄리 모건스턴 :

Organize your rooms. An organized room takes no more
than three to five minutes to clean up,
no matter how messy it gets.

방을 정리하라. 일단 정리된 방은 아무리 엉망진창이 되더라도
치우는 데 3분에서 5분 이상 걸리지 않는다.

Date.

24

Bless your home with love.
Put love in every corner so that your home lovingly
responds with warmth and comfort. Be at peace.

사랑으로 당신 가정을 축복하라. 구석구석 사랑으로 채울 때
당신의 가정은 다정하게 따뜻함과 편안함을 드러낼 것이다.
평온을 누리길.

: 루이스 헤이 :

Choose to believe that "everyone is always helpful".
Therefore, wherever you go in life,
people will be there to assist you.

"모든 사람은 언제나 도움이 된다"는 말을 믿기로 마음먹자.
그러면 인생에서 어떤 길을 걷든 사람들이
당신을 도우려고 기다릴 것이다.

Date . . .

25

When you lay your ego aside and return to that from
which you originally emanated, you'll begin to immediately
see the power of intention working with,
for, and through you in a multitude of ways.

자아를 잠시 접어두고 본래 당신이 생겨난 곳으로 돌아갈 때,
아주 다양한 방식으로 당신과 함께, 당신을 위해,
당신을 통해 작동하는 의도가 곧 눈에 들어오기 시작할 것이다.

: 웨인 다이어 :

Every thought you have impacts you.
By shifting in the middle of a weakening thought to one that
strengthens, you raise your energy vibration and strengthen
yourself and the immediate energy field.

당신의 모든 생각은 자기 자신에게 영향을 끼친다.
나약한 생각을 강한 생각으로 바꾸는 과정에서 에너지의 진동은 높아지고
여기에 직접적으로 연결된 에너지장과 당신이 강해질 수 있다.

Date．．．

Try to avoid thinking about what you're not: "I'm not happy, not rich, not good-looking," and so on. Instead, think about what you *are*: "I am joyful; I am prosperous; I am beautiful". Your self-esteem will rise immeasurably.

"나는 행복하지 않아. 부자가 아니야. 예쁘지 않아."
아닌 것을 생각하지 말자. 대신에 당신이 어떤지 생각하자.
"나는 즐거워. 나는 마음이 넉넉해. 나는 아름다워."
당신의 자존감은 헤아릴 수 없을 만큼 높아질 것이다.

There are definitely things you should not do to excess. For example, addictions that harm your physical body stop your soul's growth and cloud your direct rapport with God. Ask God to help strengthen your will and help you learn restraint.

절대로 넘어가서는 안 될 일들이 분명 존재한다. 예를 들어, 육체를 해치는 중독은 영혼의 성장을 막고 하느님과의 친밀한 관계를 방해한다. 하느님에게 당신이 의지를 키우고 자제하는 법을 배울 수 있게 도와달라고 부탁하자.

Date.

In order to create good luck in your life, it's often best to keep silent about your innermost dreams and intentions. Simply let your vision unfold naturally.

인생에서 행운을 만들어내기 위해서는
가장 은밀한 꿈과 의도를 감추는 게 최선일 수 있다.
그저 당신의 비전이 자연스레 펼쳐지도록 내버려두자.

: 디팩 초프라 :

How you emotionally respond in a relationship—with joy, sadness, fear, or anger—can say a lot about your thoughts and belief systems.

인간관계에서 생겨나는 기쁨과 슬픔, 두려움이나 분노에 대해 감정적으로
반응하는 방식은 당신의 생각과 신념 체계를 그대로 드러낸다.

Date

28

The doorway out of debt opens a little bit further with each
payment you make toward yesterday,
which is also a payment toward tomorrow.

빚에서 벗어나기 위한 출입구는 당신이 과거를 청산할 때마다
조금씩 열린다. 이는 미래를 위해 지불하는 것이기도 하다.

One way to get in touch with your money is to actually start
touching it again. Handle your cash;
feel it and respect it; delight in spending it the way you did
as a child; enjoy choosing *not* to spend it;
take pleasure in putting it away now ⋯ for later.

돈을 가까이할 수 있는 한 가지 방법은 실제로 다시 손으로 만지기
시작하는 것이다. 현금을 손에 쥐고, 이를 느끼고 존중하자.
어린 시절 했던 대로 돈을 쓰며 신나보자.
돈을 쓰지 않기로 결심하며 즐거워하자.
이제 멀찍이 나중을 위해 남겨두는 기쁨을 누리자.

Date . . .

29

You are God's divine design. He does not make mistakes.
Don't get caught up in wanting to be or trying to be like
someone else. Everyone is gifted in different ways.
Love being you.

당신은 하느님의 신성한 설계다. 하느님은 실수를 저지르지 않으신다.
다른 사람처럼 되길 원하거나 되려고 노력하는 것에 집착하지 말자.
모든 사람은 각기 다른 방식으로 재능을 갖췄다.
지금 모습 그대로를 사랑하라.

: 태비스 스마일리 :

Ask how you can serve the community rather than asking
how the community can serve you. When you use your
calling to make a difference in the community, opportunities
to create abundance will emerge in your life.

공동체가 당신에게 무엇을 해줄 수 있는지 묻기 전에,
당신이 공동체를 위해 무엇을 해줄 수 있는지 물어라.
공동체에서 변화를 이끌어내기 위해 당신의 소명을 따를 때,
인생에서 풍요로움을 만들어낼 기회를 맞이할 것이다.

Date . . .

30

: 메리앤 윌리엄슨 :

Meditation is a time of quiet, when the mind is freed from its attachment to the hysterical ravings of a world gone mad. It is a silence in which the spirit of God can enter us and work His divine alchemy upon us.

명상은 고요한 시간으로, 미쳐 돌아가는 세계가 내뱉는 광적인 망언에 집착하지 않고 벗어나는 순간이다. 이는 하느님의 정신이 우리 안에 들어와 그 신성한 힘을 우리에게 발휘하는 고요함이다.

A healthy, vital society is not one in which we all agree. It is one in which those who disagree can do so with honor and respect for other people's opinions … and an appreciation of our shared humanity.

건강하고 활기 넘치는 사회는 우리의 의견이 모두 일치하는 사회가 아니다. 동의하지 않는 사람이 명예롭게 이의를 제기하고 다른 사람들의 의견을 존중하는 사회다. 또한 우리가 공유하고 있는 인간성을 인정하는 사회이기도 하다.

Date . . .

31

Create opportunities to interact one-on-one with your
boss, your children, your spouse, your friends, and your
employees. When you listen, you learn, which opens the
door to creative solutions and mutual trust.

당신의 상사나 아이, 배우자, 친구, 그리고 직원과 사람 대 사람으로
상호작용하는 기회를 마련하자. 사람들의 이야기에
귀를 기울일 때 배울 수 있고,
이는 창의적인 해결책과 상호 간 신뢰로 통하는 문을 열어준다.

: 스티븐 코비 :

Nurture your physical self by eating the right foods, getting
sufficient rest and relaxation,
and exercising on a regular basis. A good exercise program
will build your body in three areas: endurance, flexibility,
and strength.

적절한 음식을 먹고, 충분한 휴식을 취하며 긴장을 풀고,
규칙적인 운동으로 당신의 신체적 자아를 돌보자.
훌륭한 운동 프로그램은 인내와 유연성,
힘이라는 세 가지 영역에서 몸을 튼튼하게 만들어준다.

Date.

32

You were born with a magnificent (emotional) guidance
system that lets you know, in every moment, exactly what
your vibrational content is, which is being matched by the
Law of Attraction. As it is your desire to feel good,
and your practice to choose good-feeling thoughts,
only good things will come to you.

당신은 매 순간 자신의 진동이 어떤 특성을 가졌는지 정확히 알려주는
거대한 (감정적) 유도장치를 갖추고 태어났다. 이 장치는 끌어당김의
법칙과 통하며, 좋은 기분을 느끼고 싶은 욕망이자 기분 좋은 생각을
떠올리려는 연습인 만큼 오직 좋은 것들만 찾아올 것이다.

Thriving is as natural as breathing itself.
By relaxing often and breathing deeply,
your natural thriving is enhanced.

잘 성장하는 것은 숨 쉬는 것만큼이나 자연스러운 일이다.
자주 긴장을 풀고 깊이 숨을 들이마시면서
당신은 자연스레 더욱 성장할 수 있다.

: 에이브러햄힉스 :

Date.

33

To manifest rapidly, think of your desire while you chant,
hum, sing, or play music.

당신의 욕망이 빠르게 실현될 수 있도록,
기도할 때나 콧노래를 부를 때, 노래하거나 음악을 연주할 때도
그 욕망을 떠올려라.

Eliminate clutter from your home and work life to balance
the flow of activities.

활동의 흐름에서 균형을 유지하기 위해서는
가정과 직장생활에서 잡동사니를 치워야 한다.

Date .

The human mind is like a fertile ground where seeds are
continually being planted.
When you are impeccable with your word,
your mind is no longer fertile ground for the words that
come from fear; your mind is only fertile for the words that
come from love.

인간의 정신은 꾸준히 씨앗을 심는 비옥한 땅과 같다.
당신의 말에 흠결이 없을 때 정신은 더 이상 공포에서
비롯된 말들이 크는 비옥한 땅이 아니다.
당신의 정신은 오직 사랑에서 비롯된 말들을 위해서만 비옥하다.

You are beautiful no matter what your mind tells you.
That is a fact. If you are *aware of* your own beauty and
accept your own beauty,
the opinion of others doesn't affect you at all.

당신의 마음이 뭐라고 하든 간에 당신은 아름답다. 그것은 사실이다.
당신이 자신만의 아름다움을 인식하고 자신만의 아름다움을 받아들일 때,
다른 사람들의 의견은 전혀 영향을 주지 못한다.

: 돈 미겔 루이스 :

Date.

35

Today is for observation. Where does your mind wander
naturally—into fear or fantasy, humor or stress?
Follow your mind, and observe where it goes to feed itself.
Do you like what you see?

오늘은 한번 관찰을 해보자. 당신의 마음은 자연스레 어디로 향하는가?
두려움인가, 판타지인가, 유머인가, 아니면 스트레스인가?
당신의 정신을 따라가보고, 스스로를 채우기 위해
어디로 향하는지 관찰하자. 관찰한 결과가 마음에 드는가?

How much of your precious day do you invest in the past?
Everything from your past except wisdom and love has long
since served its purpose.
Witness what calls to you from yesterday and why.

당신은 소중한 하루 중 얼마만큼을 과거에 투자하고 있는가?
지혜와 사랑을 제외하고 과거에서 온 모든 것은 오래전에
이미 목적을 이루었다. 과거의 무엇이 당신을 부르고 있으며,
그 이유가 무엇인지를 지켜보자.

Date . . .

If you're doing the right thing, if you're not harming yourself
or others, you need not be concerned with what others
think. You're free!

당신이 올바른 일을 하고 있고, 당신 자신이나 다른 사람들에게
해를 끼치지 않는다면, 다른 사람들이 뭐라 생각하든 신경 쓸 필요 없다.
당신은 자유다!

: 브라이언 와이스 :

Your true essence is your soul, which is eternal and exists in
an ocean of love. You are not your body.

당신의 진정한 본질은 당신의 영혼이다.
영혼은 영원하고, 바다 같은 사랑 안에 존재한다.
당신의 몸이 당신은 아니다.

Date . . .

37

Cultivate a loving relationship with yourself.
Be willing to be alone, and enjoy your own company.

자기 자신과 사랑이 넘치는 관계를 맺어라.
기꺼이 혼자만의 시간을 택하고, 자신과의 동행을 즐겨라.

: 크리스티안 노스럽 :

Our creations come through us freely, easily, and abundantly only when we release our need for control and allow ourselves to become clear channels for something bigger than we are.

창조물은 우리가 통제하고 싶은 욕구를 내려놓고 자기 자신보다 더 큰 존재를 위해 명확한 통로가 될 수 있도록 허락할 때만 우리한테서 자유롭고 쉽게, 그리고 풍부하게 흘러나올 것이다.

Date .

38

Take aim at the areas of your life that need improvement.
Target three areas in your life that could use some help.
Take positive action and make the necessary adjustments to
reap the benefits you desire.

개선이 필요한 삶의 영역을 조준하라.
도움이 필요한 세 가지 삶의 영역을 겨냥하라.
당신이 욕망하는 이득을 거두기 위해서 긍정적인 행동을 하고
꼭 필요한 부분은 조정하자.

: 키스 해럴 :

You may realize that you see things not as they are …
but as you think they should be.
Strive to change the things in yourself that you want to
change in others.

당신은 어느 순간 상황을 있는 그대로가 아니라 마땅히 그래야 한다고
생각하는 모습으로 보고 있음을 깨달아야 한다. 다른 사람들을 변화시키
고 싶다면, 자기 자신의 상황을 변화시키려 부단히 노력하라.

Date .

39

Offer your support to someone.
Experience the joy of serving others.

누군가에게 도와주겠다고 제안하라.
다른 사람들을 돕는 기쁨을 경험하라.

Express your creativity.
Delight in the mystery of your inner muse.

당신의 창조성을 표현하라.
내면의 뮤즈가 지닌 신비로움에서 기쁨을 누려라.

: 셰릴 리처드슨 :

Date .

40

God is at work. If you open your eyes and
your mouth for Him today, you'll meet a miracle with
your name written all over it.

하느님은 바쁘게 일하고 계신다. 오늘 하느님을 위해
눈을 뜨고 입을 연다면 당신의 이름으로 뒤덮인
기적을 만나게 될 것이다.

: 브루스 윌킨슨 :

Keep a spiritual journal of your very personal journey with
God. Share with Him your disappointments, celebrations,
and confusion. Ask Him for wisdom … and leave your
request on the page until you receive guidance.

하느님과 함께하는 아주 개인적인 여정에 관한 영적 일기를 쓰자.
하느님에게 당신의 실망과 찬양, 혼란을 전하자. 그에게 지혜를 구하라.
그리고 지침을 내려주실 때까지 일기를 통해 요청하자.

Date

41

Where in your life are you offering excuses for
not standing in your power?
Are you ready to eliminate excuses today?
Excuses are the means by which you avoid, deny,
and resist the greatness you know yourself to be.

당신은 인생의 어느 지점에서 자신의 힘을 제대로 발휘하지 않은 것에
대한 변명을 늘어놓고 있는가? 오늘 그 변명을 지울 준비가 됐는가?
변명이란 당신이 스스로 위대해질 수 있음을 알면서도
이를 피하고, 거부하고, 저항하는 방식이다.

Until today, you may have been feeling overwhelmed by
trying to do everything on your own. *Just for today*,
ask God to help you ease some of your burdens.

오늘에 이르기까지, 당신은 혼자 힘으로 모든 일을 해결하려고
애쓰면서 버겁다고 느꼈을 수도 있다.
오늘 하루만이라도 부담을 덜어달라고 하느님께 도움을 청하자.

Date .

42

Find the courage to hold on to your beliefs,
even if the world around you chooses to believe differently.
Have the courage to change those beliefs that
no longer fit the person you have become.
In doing so, you truly become yourself.

설령 당신을 둘러싼 세상의 신념과 다르더라도, 당신의 신념을
지킬 수 있는 용기를 내자. 새로운 당신에게 더 이상 맞지 않는
신념들을 바꿀 수 있는 용기를 갖자.
그렇게 함으로써 당신은 진짜 당신이 된다.

: 대니얼 레빈 :

Prosperity is not in what you have attained but rather in
what you give away …
for it is only when you become empty that
you can be filled with something greater.

번영은 당신이 무엇을 이뤘는지가 아니라 무엇을 나눠줬는지에 달렸다.
당신을 비웠을 때, 비로소 더 위대한 것으로 채워질 수 있기 때문이다.

Date

43

Be fully in tune with your spiritual essence,
sustained by a higher power.

더 고귀한 힘으로 지탱하는
영적인 본질과 온전히 조화를 이루어라.

셰리 카터·스콧

Provide reinforcement and strength for
yourself and others.

자기 자신과 다른 사람들을 위해 지원하고 힘을 보태라.

Date

44

No matter what is happening around you,
first take care of yourself. When you're balanced, all things
will be gradually added to your life, and the changes you
have asked for will occur.

주변에서 무슨 일이 벌어지든, 우선 자기 자신을 돌봐라.
당신이 균형을 잡을 때 모든 것이 서서히 인생에 더해지고,
당신이 바라던 변화가 일어날 것이다.

: 크라이온 :

Each time you see or hear the word *God*,
think of the person next to you, the family at work or at play,
and the true essence of who you are at the core.
Do not think of a singular power higher than yours
somewhere in the sky. It is *you*!

하느님이라는 단어를 보고 들을 때마다 당신 곁에 있는 그 사람,
한창 일하거나 놀고 있는 가족, 그리고 근본적으로
당신이 누구인지에 관한 진정한 본질을 떠올리자.
저 멀리 어딘가에서 당신보다 더 고귀하게 존재하는 유일한 힘은
생각하지 말자. 중요한 건 당신이다!

Date

45

You may have believed in the past that anything worth doing was worth doing frantically.
You can learn that "frantic" isn't necessary to get the job done.

과거에는 해볼 가치가 있는 일은 미친 듯이 해야 한다고 믿었을 수도 있다. 업무를 완수하기 위해 '미친 듯이' 할 필요는 없음을 깨닫자.

We all get discouraged at times.
Just remember that growth is more like a spiral than a straight line. Discouragement is inevitable—and so is rejoicing.

누구나 가끔은 좌절하곤 한다.
성장은 직선이 아닌 계단식으로 이뤄진다는 사실을 기억하자.
좌절은 불가피하지만 기쁜 일이다.

Date .   .   .

46

A woman expects her partner to know when she needs support.
A man asks for support when he needs it.

여자는 언제 도움이 필요한지 파트너가 알고 있길 기대한다.
남자는 필요할 때 도움을 구한다.

존 그레이

Resist the temptation to solve her problems—empathize instead. Do not offer advice without being asked—just appreciate him.

여자의 문제를 해결해주고 싶은 유혹을 떨쳐버리는 대신 공감해주자.
남자가 요청하기 전에는 조언을 해주지 말자.
그저 그를 인정해주자.

Date .

If you have trouble letting go of unused possessions, then
adopt a charity or give them to a friend!
It's easier to part with items if they're going to an
organization or person you care about.

쓰지 않는 물건을 버리는 게 어렵다면 기부하거나 친구에게 주자!
당신이 신경 쓰는 단체나 사람에게 넘긴다면
그 물건과 헤어지기가 더 쉬워진다.

: 줄리 모건스턴 :

Improve your quality of life.
Give yourself access to the things you use and
love by getting rid of the stuff you don't.

삶의 질을 높여라.
당신이 좋아하지 않는 것들을 제거함으로써
당신이 사용하고 사랑하는 것들에 접근하라.

Date .

Be attentive and mindful to what is
happening around you at all times.

항상 주변에서 벌어지는 일에 주목하고 주의하라.

Have high regard for yourself.
Be your own best friend.

자신을 높이 평가하라.
자기 자신의 가장 친한 친구가 되어라.

Date.

EVERYDAY POSITIVE THINKING

IV

자기 자신을 믿고
타인을 사랑하자

1

It doesn't matter what other people say or do.
What matters is how you choose to react and what you
choose to believe about yourself.

다른 사람들이 한 말이나 행동은 중요치 않다.
중요한 것은 당신이 어떻게 반응하기로 했고
자신에 대해 무엇을 믿기로 했는지다.

: 루이스 헤이 :

The Universe totally supports every thought you choose to
think and to believe. You have unlimited choices about what
to think. Choose balance, harmony, and peace,
and express it in your life.

우주는 당신이 생각하고 믿기로 한 모든 생각을 온전히 지지한다.
당신은 무엇을 생각할지 무한히 선택할 수 있다.
균형과 조화, 평화를 선택하고 살면서 이를 표현하라.

Date.

2

No one can depress you. No one can make you anxious.
No one can hurt your feelings. No one can make you
anything other than what you allow inside.

그 누구도 당신이 우울하게 만들 수는 없다.
그 누구도 당신이 불안하게 만들 수 없다.
그 누구도 당신을 내적으로 허용하지 않은 다른 것으로 만들 수 없다.

: 웨인 다이어 :

You can sit there forever, lamenting about how bad you've
been, feeling guilty until you die, and not one tiny slice of
that guilt will do anything to change the past.

한자리에 영원히 머물면서 자신이 얼마나 잘못했는지
한탄하며 죽을 때까지 죄책감을 느낄 수는 있다.
그러나 죄책감은 과거를 바꾸는 데 전혀 도움이 되지 않는다.

Date .

3

Humility is a major component in being thankful,
but being too humble leaves the soul in a state of feeling "not
worthy". Be humble, but take pride in the fact that you have
made it in life with God's grace.

겸손은 감사하며 살기 위한 핵심 요소지만,
지나치게 겸손하게 굴다 보면 영혼은 자신을 '별것 아닌' 존재라고
느끼게 된다. 자신을 낮추되, 하느님의 영광 안에서
살아간다는 사실에 자부심을 가져라.

: 실비아 브라운 :

Strength is nothing more than enduring life—to be able to
survive the heartaches and agonies we go through with our
heads held high. Sometimes just walking through adversity
to get to the other side is a sign of strength.

강함은 그저 꼿꼿이 고개를 들고 심적 고통과 고뇌를 거쳐
살아남을 수 있도록 인생을 견디는 것에 불과하다.
때로는 역경을 뚫고 반대편까지 묵묵히 나아가는 것만으로도
강함을 드러낼 수 있다.

Date .

4

In order to create success and money in your life,
your intent and focus must be clear.
You can then let the universe take care of the details.

인생에서 부와 성공을 손에 넣기 위해서는 의도와 초점이
분명해야 한다. 그러고 나면 우리는 세부적인 부분들을
우주가 처리할 수 있게 맡길 수 있다.

: 디팩 초프라 :

When an obstacle arises in one of your relationships, know
that you can replace any fearful feelings with those of love.

인간관계에서 장애물이 생겼을 때,
당신은 어떤 공포스러운 감정도 사랑으로 바꿀 수 있음을 명심하자.

Date . . .

5

If you want money in your life, then you must welcome it,
be open to it, and treat it with respect. Your beliefs
and your attitudes are what make you feel rich and
free to trust yourself, knowing that you will
always stake the right actions with your money.

인생에서 돈을 원한다면, 그것을 반기고 순순히 받아들이며
예우해야 한다. 이런 신념과 태도는 당신이 언제나 돈으로
올바른 행동을 할 것임을 의식하면서,
부자라고 느끼고 자유로이 자신을 신뢰할 수 있게 해준다.

Once you free your notion of self-worth from the bonds of
material things, you will "need" less and you will spend less.
As your self-esteem rises, your debt will diminish.
Call it a law of financial physics!

일단 물질적인 것들의 연대에서 비롯되는 자존감을 버리면,
덜 '필요로' 하고 덜 소비하게 될 것이다. 자존감이 오르면
빚은 줄어들 것이다. 이를 금융물리학의 법칙이라 부르자!

Date . . .

6

Make others the focal point. Give generously,
listen intently, praise freely, and love unceasingly.
Take the spotlight off yourself and
shine it on others.

다른 이들에게 집중하자. 넉넉하게 내주고, 관심 있게 들어주고,
자유롭게 칭찬해주며, 끊임없이 사랑해주자.
당신에게서 스포트라이트를 거두어 다른 이들을 비추어주자.

Forgive your parents, forgive your siblings,
forgive your mate, forgive your friends, and forgive your
enemies. Above all, forgive yourself.

부모를 용서하고, 형제를 용서하고, 짝을 용서하고, 친구를 용서하고,
적을 용서하라. 무엇보다도 자기 자신을 용서하라.

Date . . .

Part of working on yourself is learning how to support
another person in being the best they can be.
Partners are meant to help each other access the highest
parts within themselves.

자기 자신을 발전시키는 과정 가운데 일부는 다른 사람이
최고의 모습을 갖출 수 있게 도와주는 법을 배우는 것이다.
파트너들은 자기 안의 가장 고귀한 수준까지 도달할 수 있게
서로를 도와주어야 한다.

: 메리앤 윌리엄슨 :

Achievement doesn't come from what you *do*,
but from who you *are*. Your worldly power results from
your personal power. Your career is
an extension of your personality.

성과는 당신이 무엇을 하느냐가 아닌 어떤 사람인가에서 나온다.
당신의 세속적인 능력은 개인적인 능력에서 비롯된다.
당신의 경력은 성격의 연장선에 있다.

Date . . .

8

Begin today with the image of the *end* of your life as your
frame of reference by which everything else is examined.
Each day will then contribute to the vision
you have of your life as a whole.

인생의 마지막 순간을 다른 모든 것을 측정하는 기준점으로 삼아
오늘 하루를 시작하라. 그러면 하루하루가 인생 전체를 그리는
비전에 기여하게 될 것이다.

: 스티븐 코비 :

The next time you have a disagreement or confrontation
with someone, attempt to understand that person's concerns.
Address these issues in a creative and
mutually beneficial way.

다음번에 누군가와 의견이 어긋나거나 충돌하게 될 때
그 사람의 우려들을 이해하려 노력하자.
이 문제들을 창조적이고 서로에게 이로운 방식으로 해결해보자.

Date . . .

9

What's the big hurry? You're not ever going to get it done,
so what are you racing toward?
Every single activity that you're involved in is for one
purpose only, and that is to give you a moment of joy.
Lighten up. Laugh more. Appreciate more. All is well.

무엇 때문에 급히 서두르는가? 당신은 결코 해내지 못할 텐데,
무엇을 위해 전력 질주를 하고 있는가? 당신이 관여하는 모든 행위가
오직 하나의 목표만을 향하고 있으니, 그 목표는 바로 기쁨의 순간을
누리는 것이다. 너무 진지하게 받아들이지 말자. 더 많이 웃고,
더 많이 감사하라. 모든 게 다 잘될 거니까.

: 에이브러햄-힉스 :

Reach for the feeling of well-being first, and everything else
will fall into place. Be selfish enough to follow your bliss, and
you will tap in to the natural, pure, positive essence of you.

먼저 행복한 기분을 얻으려 노력해보자. 그러면 그 외에 모든 것이
제자리를 찾아갈 것이다. 당신만의 더없는 기쁨을 좇으면서
이기적으로 굴어도 좋다. 그렇게 해서 당신의 자연스럽고, 순수하며,
긍정적인 본질에 다가서게 될 것이다.

Date .   .   .

10

It's important to only think about what you desire,
not what you fear.

당신이 무엇을 두려워하는가가 아니라
무엇을 욕망하는가만을 생각하는 것이 중요하다.

Know that you deserve to receive good in all ways.

당신은 모든 면에서 좋은 것만 누릴 자격이 있음을 명심하자.

Date . . .

11

By doing your best, the habits of misusing
your word, taking things personally,
and making assumptions will become weaker and
less frequent with time.

당신이 최선을 다한다면 머지않아 잘못된 말을 하거나,
상황을 언짢게 받아들이고 제멋대로 추측하는 정도가
약해지고 줄어들 것이다.

: 돈 미겔 루이스 :

Love yourself, love your neighbor, love your enemies, but
begin with self-love.
You cannot love others until you love yourself.
You cannot share what you do not have.
If you do not love yourself,
you cannot love anyone else either.

자신을 사랑하고, 이웃을 사랑하고, 적을 사랑하라.
그러나 자기애에서 시작하자. 자기 자신을 사랑하기 전까지는
다른 사람들을 사랑할 수 없다. 가지지 못한 것을 나눌 수는 없는 법.
자신을 사랑하지 않으면 어느 누구도 사랑할 수 없다.

Date .

12

Celebrate all that is good and blessed about your life,
realizing that gratitude is a powerful remedy. Appreciating
your blessings increases the vitality of your life force.

인생에 있어서 선하고 축복받은 모든 것을 찬양하자.
그리고 감사함이 강력한 치료임을 깨닫자. 축복받은 것들에 감사할 때
당신의 생명력은 더욱 활력이 넘칠 것이다.

: 캐럴라인 미스 & 피터 오키오그로소 :

Even the slightest change in your diet can
generate a new body and a fresh mind.
Avoid eating anything today that creates conflict in you.
Observe how instantly your body
manifests a grateful feeling.

식습관을 아주 조금만 바꿔도 새로운 몸과 신선한 정신을 갖출 수 있다.
오늘 하루는 몸 안에서 갈등을 일으키는 음식을 먹지 말자.
당신의 몸이 얼마나 빨리 고마워하는 감정을 드러내는지 지켜보자.

Date .

13

Even though there may be one truth,
be aware that many approaches lead to this truth.

진실은 단 하나지만, 다양한 접근법으로
그 진실에 다가설 수 있음을 명심하자.

: 브라이언 와이스 :

You will not die when your body dies.
A part of you goes on. You will be reunited with
your loved ones because they're also immortal.

몸이 죽는다고 당신도 죽지 않으며, 당신의 일부는 계속 이어진다.
당신이 사랑하는 사람들 역시 영원히 살아 있기에,
결국에는 이들과 재회하게 될 것이다.

Date .

14

Understand the power of partnership—whenever
you work with one or more synergistically,
your power becomes exponentially greater than it could ever
be individually.

파트너십이 지닌 힘을 이해하자.
다른 사람과 시너지를 내며 일할 때마다, 당신의 능력은
개인으로 일할 때보다 기하급수적으로 커질 수 있다.

: 크리스티안 노스럽 :

Your intellect must always serve the wisdom of
your heart. Allow them to be partners.
The mind is a great servant but a tyrannical ruler.

지성(知性)은 언제나 마음이 주는 지혜를 섬겨야 한다.
마음을 파트너로 삼자. 이성은 훌륭한 하인임과 동시에
포악한 지배자니까.

Date.

15

Take a 30-second vacation. Go within and focus on the positive, thereby creating an attitude built of strength, courage, and infinite possibilities.

30초 동안 휴가를 가져라. 내면으로 들어가 긍정적인 것들에 집중하라. 그렇게 해서 힘과 용기, 그리고 끝없는 가능성으로 구성된 태도를 만들어내라.

: 키스 해럴 :

The difference between ordinary and extraordinary is that little "extra". Today, demand more of yourself than you or anyone else can expect.

평범함과 비범함의 차이는 그 사소한 '한 끗 차이'에 있다. 지금 당신이나 다른 누군가가 기대하는 정도보다 더 많은 것을 자신에게 요구하라.

Date.

Set boundaries.
Protect your precious time and energy.

경계선을 그어라.
당신의 소중한 시간과 에너지를 보호하자.

Take a risk.
You have the power within to move mountains.

위험을 무릅써라.
당신은 산맥도 움직일 수 있는 힘을 내면에 지녔다.

Date . . .

17

God is watching out for you. If you ask Him,
He'll tell you where not to go. Your part is to pray for
protection from evil, to thank Him for His care,
and to obey.

하느님은 당신을 굽어보고 계신다. 당신이 하느님께 묻는다면,
하느님은 가지 말아야 할 곳을 알려주시리라.
당신이 해야 할 일은 악에서 보호받을 수 있길 기도하고,
하느님이 돌봐주심에 감사하고, 순종하는 것이다.

:: 브루스 윌킨슨 ::

If sin is the problem, repent and turn around.
You'll never regret it.

죄가 문제라면 회개하고 뒤돌아서라.
절대로 후회하지 않으리라.

Date . . .

18

Are you willing to stop "people-pleasing" today?
The best way to honor yourself is to mean *no* when you say
no, and *yes* only
when you really want to say yes!

오늘 사람들 비위 맞추기를 그만두고 싶은가?
자기 자신을 존중하기 위한 가장 좋은 방법은 '노'라고 말할 때
정말 '노'를 뜻하고, '예스'라고 말할 때
정말 '예스'를 뜻하는 것이다!

: 이얀라 반잔트 :

Until today, you may not have understood that harboring
feelings creates tension in a relationship, and that what
you feel is an important step toward healing yourself and
another. *Just for today*, lovingly express your feelings in a
way that honors yourself and others.

오늘에 이르기까지, 기분을 숨기면 인간관계에서 긴장도가 높아지고,
당신이 느끼는 바가 당신과 다른 이들을 치유하기 위한 중요한 단계라는
사실을 깨닫지 못했을 수도 있다. 오늘 하루만이라도 당신 자신과
다른 이들을 존중하는 방식으로 다정하게 감정을 표현해보자.

Date .

19

We fear facing life alone. For fear of not fitting in,
we take the drugs. For fear of standing out, we wear the
clothes. For fear of appearing small, we go into debt and buy
the house. When you know that God loves you, you won't be
desperate for the love of others.

우리는 외로이 삶을 마주하게 될까 봐 두려워한다.
제대로 적응하지 못할까 봐 두려워서 약을 먹는다.
남들 눈에 띌까 봐 두려워서 옷을 입는다. 초라해 보일까 두려워서
빚을 내고 집을 산다. 하느님이 당신을 사랑한다는 사실을 깨달을 때,
다른 사람들의 사랑에 목매지 않을 것이다.

: 맥스 루카도 :

So what if someone was born thinner or stronger
or lighter or darker than you? Why count diplomas
or compare résumés? What does it matter
if they have a place at the head table?
You have a place at *God's* table.

누군가가 당신보다 더 날씬하거나, 힘이 세거나, 밝거나, 어두운 게
뭐 어떻다고? 왜 자격증을 세고 이력서를 비교하지?
그 사람들이 주빈 테이블에 앉아 있는 게 무슨 상관이람?
당신은 하느님과 같은 테이블에 앉을 텐데.

Date

333

20

Allow and empower someone you trust to
guide you on your path.

당신이 신뢰하는 사람이 당신이 걷는 길을 인도하도록 허락하고
힘을 실어주자.

Embrace another in their totality,
and support them in all their dreams.

서로를 있는 그대로 받아들여라.
그리고 이들의 모든 꿈을 지원하라.

Date.

21

Pull divine love out of the bag of your own personal energy,
and face yourself in a forgiving way.
Forgive the child inside.

어서 개인적인 에너지에서 신성한 사랑을 끌어내고,
자기 자신을 너그러운 방식으로 바라보라.
내면의 어린아이를 용서하라.

： 크라이온 ：

When you call upon the love of God and exercise pure
intent, there will be miracles.

하느님의 사랑을 요구하고 순수한 의도를 실천할 때
기적이 생겨날 것이다.

Date . . .

22

You've made some bad choices, you've made some good choices, and you've made some so-so choices. Most important, they're yours—all of them.

잘못된 선택을 하기도 하고, 훌륭한 선택을 하기도 하고,
그저 그런 선택을 하기도 한다. 가장 중요한 것은
그 모두가 당신이 한 선택이라는 사실이다.

What a delight to know that you have within you all you
need in order to know and experience your spirituality.
You are your spirituality.
You need only step out of the way.

당신 내면에 이미 영성을 알고 경험하는 데 필요한 모든 것이
갖춰져 있음을 깨닫다니 얼마나 기쁜 일인가! 당신은 영성 그 자체다.
다만 그 흐름을 방해하지 않게 살짝 비켜주기만 하면 된다.

Date.

23

Men, take her side when she's upset with someone.
Women, tell him,
"It's not your fault".

남자들이여, 여자가 누군가로 인해 화가 날 때 그녀 편을 들어주길.
여자들이여, 남자에게
"당신 잘못이 아니야"라고 말해주길.

: 존 그레이 :

She values love, communication, beauty, and relationships.
He values appreciation, admiration, recognition, and trust.

여자는 사랑과 소통, 아름다움, 관계를 중시한다.
남자는 감사와 존경, 인정과 신뢰를 중시한다.

Date .

24

Use a kindergarten classroom as a model for organizing any space. Identify three to five main functions for your room, and divide the space into corresponding activity zones.

어떤 공간을 정리할 때 유치원 교실을 모델로 삼아라.
당신의 방에 세 가지에서 다섯 가지 정도의 기능을 부여하고,
각 기능에 해당하는 활동 영역에 따라 공간을 구분하라.

: 줄리 모건스턴 :

Some memorabilia is a wonderful treat—too much is overwhelming. Turn a beautiful trunk into a treasure box, and keep only what will fit inside.

추억이 담긴 물건은 아주 멋진 선물이지만, 너무 많으면 부담스러워진다.
아름다운 트렁크 하나를 보물 상자로 바꾸어
그 안에 들어갈 만큼만 보관하자.

Date . . .

Rejoice in your sexuality. It's normal and natural for you.
Appreciate the pleasure your body gives you.
It's safe for you to enjoy your body.

성(性)을 충분히 누리자. 자연스럽고 정상적인 일이니까.
당신의 몸이 주는 기쁨을 음미하자.
자신의 몸을 즐기는 것은 안전한 일이다.

: 루이스 헤이 :

Money is energy and an exchange of services.
How much you have depends on
what you believe you deserve.

돈은 에너지이자 서비스를 교환하는 행위다. 돈이 얼마나 많은가는
당신이 얼마만큼 누릴 자격이 있다고 믿는가에 달렸다.

Date.

26

Being relaxed, at peace with yourself, confident, emotionally neutral, loose, and free-floating—these are the keys to successful performance in almost everything you do.

긴장 풀기, 자기 자신과 평화롭게 지내기, 자신감 가지기,
감정적으로 중도 지키기, 느긋해지기, 자주적으로 살기.
이런 것들이 당신이 하는 거의 모든 일에서
성공적으로 성과를 올릴 수 있는 비결이다.

: 웨인 다이어 :

The choice is up to you. It can either be "Good morning, God!" or "Good God—morning!"

선택은 당신에게 달렸다. "하느님, 좋은 아침이에요!"가 될 수도,
"하느님, 이미 아침이 되어버렸잖아요!"가 될 수도 있다.

Date . . .

27

Ibelieve that you must forgive whenever possible, but sometimes there are certain things or people you cannot forgive, no matter how hard you try. This is when you must give it to God, for God is greater than you are and can take care of whatever you can't.

당신은 최선을 다해 용서하려 하지만, 가끔은 아무리 노력해도 도저히 용서할 수 없는 상황이나 사람이 존재하기도 한다. 이때가 바로 하느님께 맡겨야 할 순간이다. 하느님은 당신보다 위대하며 당신이 무엇을 못 하든 해결해주실 테니.

: 실비아 브라운 :

Rumors will always abound, and the more you do in life, the more you'll be a target. If you're doing what you feel God wants, then rumors won't hurt you. But also be careful that *you* are not the one starting or spreading rumors.

소문은 언제나 무성해서, 평소에 소문을 많이 내는 사람일수록 소문의 주인공이 될 가능성도 커진다. 하느님이 원하실 방식으로 행동하면 소문으로 인해 상처받지 않을 것이다. 그러나 당신이 소문을 지어내거나 퍼트리는 장본인이 되지 않게 조심하자.

Date .   .   .

When you allow yourself to be unpredictable,
you step from the known into the unknown,
where anything is possible.

예측 불가능하게 살기로 마음먹을 때, 이는 익숙한 세계에서
무엇이든 가능한 미지의 세계로 발을 내딛는 것과 같다.

: 디팩 초프라 :

Being in love can make you feel so powerful—it can make
you feel as if all kinds of wild
and wonderful things are possible.

사랑에 빠지면 당신은 스스로 강해졌다고 느낄 수 있다.
그리하여 온갖 거칠고 멋진 일이 가능한 것처럼 느끼게 된다.

Date.

29

Ask yourself, "What am I telling myself I can't do with respect to money?" Once you've faced your fears and have achieved one of those things you thought you couldn't do, then you'll have to wonder what *else* you're not doing in your life that you obviously *can* accomplish.

자신에게 묻자. "나는 돈과 관련해 무엇을 할 수 없다고 생각하는가?" 일단 자신의 공포를 마주하고 한때 할 수 없다고 생각했던 것을 이루고 나면, 인생에서 분명 완수할 수 있음에도 하지 않는 다른 일이 있는지 생각해보게 될 것이다.

What happens to your money directly affects the quality of your life—not your stockbroker's life or your banker's life, but *your* life.

당신의 돈에 벌어진 일은 직접적으로 삶의 질에 영향을 미친다. 당신의 증권 거래인이나 은행 담당자의 삶이 아닌, 바로 당신의 삶에.

Date . . .

30

For better or worse, you're responsible for everything in your
past and future. Don't blame your parents, your teachers,
or your boss. Take it on yourself.

좋든 싫든, 당신은 과거와 미래에 벌어진 모든 일에 책임이 있다.
당신의 부모님이나 선생님, 아니면 상사를 탓하지 말자.
당신이 직접 책임을 지자.

: 태비스 스마일리 :

Surround yourself with people of equal or greater ability,
aptitude, and experience. Tap in to new talent, and
experience greater growth. Not only will *you* benefit,
but those around you will also prosper.

당신 주변에는 비슷하거나 더 뛰어난 능력과 소질, 경험을 지닌
사람들만 두자. 새로운 재능에 눈을 뜨고,
더 위대한 성장을 경험하자.
당신에게만 도움이 되는 것이 아닌, 주변 사람들 또한 번창할 것이다.

Date . . .

31

Life is much more than the life of the body; life is an
infinite expanse of energy, a continuum of love in countless
dimensions. You have been alive forever,
and you will be alive forevermore.

인생은 육체의 인생을 넘어서는 의미를 지녔다.
인생은 에너지의 무한한 확장이자, 수없이 많은 차원으로 구성된
사랑의 연속체다. 당신은 지금까지 영원히 살아남았고,
영원히 살아남을 것이다.

Your greatest opportunity to positively affect another
person's life is to accept God's love into your own.
By *being* the light, you *shine* the light—on everyone and
everything.

다른 사람의 삶에 긍정적인 영향을 미칠 수 있는
가장 커다란 기회는 하느님의 사랑을 당신 안에 받아들이는 것이다.
당신은 스스로 빛이 됨으로써
모든 사람과 사물에 빛을 비출 수 있다.

Date . . .

32

Look at the weaknesses of others with compassion,
not accusation. It's not what they're doing or
should be doing that's the issue.
The issue is your own chosen response to the situation and
what *you* should be doing.

다른 사람의 약점을 비난이 아닌 연민으로 바라보자.
문제는 다른 사람들이 하는 행동이나 해야 하는 행동이 아니다.
주어진 상황에서 당신이 선택한 반응과 해야 할 행동이 문제다.

Valuing the differences between people is the essence
of synergy. Truly effective people have the humility to
recognize their own perceptual limitations and appreciate
the resources available through interactions with others.

사람들 간의 차이를 중시하는 것이 시너지의 본질이다.
정말로 유능한 사람들은 자신의 지각적인 한계를 인정하고
다른 사람들과 상호작용하며 얻을 수 있는 자원에
감사하는 겸손함을 지녔다.

: 스티븐 코비 :

Date . . .

33

No effective guidance will ever be achieved by seeking the
approval of others, for they all desire different things of you.
Constant, pure guidance from Source comes forth from
within you. It is always there.

다른 사람들에게 인정받는 것을 인생의 효율적인 길라잡이로 삼을 수는
없다. 이들은 저마다 당신에게 다양한 모습을 요구하기 때문이다.
변함없고 순수한 근원적인 길라잡이는 당신의 내면에서 나오며,
항상 그곳에 자리한다.

The essence of all that you appreciate is constantly flowing
into, and creating, your reality. As you appreciate,
your state of appreciation opens more channels that allow
you more for which to feel appreciation.

고마움의 본질은 꾸준히 현실로 흘러들어 오고, 또 현실을 구성한다.
당신이 고마움을 느낄 때, 그 마음 상태는
당신에게 고마움을 느낄 수 있는 통로를 더 많이 열어준다.

Date.

34

Work on becoming more authentic and sincere. Release all pretensions and the need for appearances.

진정성을 갖추고 성실해질 수 있게 노력하라.
모든 가식과 허세는 내려놓아라.

Spontaneously engage in acts of benevolence and generosity.

자비롭고 관대한 행동에 자발적으로 참여하라.

Date . . .

Your heart can create any amount of love,
not just for yourself, but for the whole world.
Open your heart, open your magical kitchen,
and refuse to walk around the world begging for love.
In your heart is all the love you need.

당신의 마음은 자기 자신뿐 아니라 전 세계를 감쌀 만큼의 사랑을
만들어낼 수 있다. 마음을 열고 마법의 작업대를 펴자.
이제 사랑을 구걸하며 헤매는 일은 그만두자.
당신에게 필요한 모든 사랑은 이미 마음속에 있다.

: 돈 미겔 루이스 :

What others say and do is a projection of their own reality,
their own dream. When you are immune to the opinions and
actions of others,
you won't be the victim of needless suffering.

다른 사람들의 말과 행동은 저마다의 현실과 꿈을 반영한다.
당신이 다른 사람들의 의견과 행동에 초연해진다면
더 이상 쓸데없는 고통의 희생자가 되지 않을 것이다.

Date . . .

365

36

For this day, acknowledge the restoring power of hope.
Direct that power to bless all that needs healing in your life,
including your negative attitudes and disappointments.

이날을 위해 희망의 회복력을 인정하자.
회복력이 당신의 부정적인 태도와 실망을 포함해 삶에서
치유되어야 할 모든 면에 축복을 내리도록 이끌자.

Illness can be a teacher, companion, or challenge—but not a
punishment. Still, sometimes its message isn't clear. Ignore
the illness. Look for stimulation in the knowledge that you
can heal in an instant.

질병은 스승이자 동료, 아니면 도전이 될 수 있지만 벌이 되어서는
안 된다. 그러나 가끔 질병이 주는 메시지가 명확하지 않다.
질병은 무시하자. 당신이 금세 치유될 수 있다는
믿음 속에서 자극을 찾자.

: 캐럴라인 미스 & 피터 오키오그로소 :

Date

You may find that your mind is usually filled with
unimportant thoughts. Focus on your breath or your steps.
Every breath is holy; every step is sacred.

중요하지 않은 생각으로 머릿속이 거의 다 차 있음을 깨달을 때가 있다.
그럴 때는 호흡이나 발걸음에 집중하자.
숨결 하나하나가 신성하고 한 걸음 한 걸음이 거룩하니까.

: 브라이언 와이스 :

You won't miraculously become happy if someone else
changes, or if the outside world changes,
but only if *you* change.

다른 사람이나 외부 세계의 변화가 아닌,
당신이 바뀌었을 때만이 기적적으로 행복해질 수 있다.

Date

38

Be willing to admit that you're wrong or have made a mistake. It's the only way to learn.

당신이 틀렸다거나 실수를 저질렀다고 용기 있게 고백하자.
이것이 교훈을 얻을 수 있는 유일한 방법이다.

Give thanks for the great artists, musicians, scientists, and so on, whose work and vision uplift us all. Whether expressing yourself or appreciating the expression of others, you are part of this magnificent circle of self-expression.

위대한 화가와 음악가, 과학자에게 감사하자.
이들의 작품과 비전 덕에 인류 모두가 희망을 품게 됐으니.
자기 자신을 표현하든, 다른 사람들의 표현을 감상하든 간에
당신은 이 숭고한 자기표현의 집단 가운데 하나다.

Date . . .

Begin to see the invisible … so that you can do the impossible. Your positive attitude enables you to see beneath the surface so that you can accomplish anything you want.

보이지 않는 것들을 보기 시작하자.
그리하여 불가능한 일들을 해내자.
긍정적인 태도로 겉껍질을 꿰뚫어 보자.
그리하여 원하는 것을 이루어내자.

: 키스 해럴 :

Tap in to the unlimited mind of creation and draw from it the right thoughts, plans, and actions that will lead you to your ultimate success.

무한한 창조 정신에 다가서자.
그리고 당신이 궁극적으로 성공할 수 있게 이끌어줄
올바른 생각과 계획, 행동을 그로부터 이끌어내자.

Date

Play with a child.
Children are your greatest teachers.

아이와 함께 놀자.
어린이는 가장 위대한 스승이다.

:세릴 리처드슨:

Ask for help.
Receiving is an act of generosity.

도움을 청하라.
도움을 기꺼이 받는 것도 관대함의 행위다.

Date . . .

41

God has entirely different ways of enlarging your influence
and impact. He will arrange circumstances and
opportunities that are more strategic for you.
It will be as if God has become your Master Scheduler.

하느님은 당신의 영향력과 효과를 키워줄 수 있는
전혀 다른 방식들을 가지고 계신다.
그는 당신에게 더 전략적인 환경과 기회를 마련해주실 것이다.
당신은 하느님을 비서실장으로 둔 셈이다.

: 브루스 윌킨슨 :

God doesn't expect you to seek out or enjoy
His correction. If you're being disciplined,
He wants you to get out of
it even more than you want to.

하느님은 당신이 자신에게 훈계를 구하거나 그 훈계를 즐겨 받길
기대하지 않으신다. 당신이 그의 말을 있는 그대로 따르는 동안,
하느님은 당신이 기대보다 더 이탈해주길 바라신다.

Date.

Where in your life are you avoiding a choice?
Are you willing to make self-honoring choices today?
If you don't make clear and conscious choices,
you'll be stuck with whatever shows up.

인생을 살면서 선택을 피하고 싶을 때가 있는가?
오늘날 자신을 명예롭게 해줄 선택을 하고 싶은가?
명확하고 의식적으로 선택하지 않을 때,
당신은 눈앞에 나타나는 것이 무엇이든 거기에 끌려다니게 된다.

: 이얀라 반잔트 :

Until today, you may have been waiting for someone to tell you something or give you something that would make you feel okay. *Just for today*, give *yourself* permission to be okay with yourself. Accept that who you are and where you are—is just right!

오늘에 이르기까지, 누군가가 뭔가를 주거나 어떤 말을 해서
당신이 괜찮다고 느끼게 해주길 기다려왔을 수도 있다.
오늘 하루만이라도, 자기 자신과 화해할 수 있게 스스로 허용하자.
당신이 누구든, 어디에 있든, 지금의 모습이 그저 옳다고 받아들이자!

Date

43

Your heart is not large enough to contain the blessings that God wants to give. He pours and pours until they literally flow over the edge and down on the table. The last thing you need to worry about is not having enough.

당신의 마음은 하느님이 베풀고 싶으신 축복을 머금을 만큼 크지 못하다. 하느님은 축복을 퍼붓고 또 퍼부어서 마침내 식탁 위로 넘쳐 흐르게 만드시는 분이다. 충분하게 받지 못할까 봐 걱정할 필요가 전혀 없다.

: 맥스 루카도 :

Don't start tackling tomorrow's problems until tomorrow.
You don't have tomorrow's strength yet.
You simply have enough for today. We don't need to know what will happen tomorrow.

내일의 골칫거리는 내일로 미뤄두자. 내일 필요한 능력을 미리 갖출 필요가 없다. 당신은 그저 오늘을 위해 충분히 갖추고 있으니, 내일 무슨 일이 벌어질지 알 필요는 없다.

Date .   .   .

44

Formulate markers that acknowledge your progress and show you where energy or effort is needed.

당신이 진보하고 있음을 인정하고, 에너지나 노력이 필요한 지점이 어디인지 알려줄 표식을 만들어보자.

Live in alignment with your values, vision, abilities, and potential.

자신의 가치와 능력, 잠재력과 조화를 이루는 삶을 살자.

: 세리 카터-스콧 :

Date .

45

Assemble together and provide positive thought energy for
the planet and the Human race.
In the new energy, you can create a great deal more than the
sum of the whole.

지구와 인류를 위해 긍정적인 생각의 에너지를 한데 모으고 제공하자.
새로운 에너지를 갖춘 당신은 전체의 합보다
더 많은 성과를 이뤄낼 것이다.

: 크라이온 :

The earth and the Human in lesson are an inseparable
partnership. You cannot be balanced unless you understand
your root partnership with the planet—through your
connection with the heart of the earth.

배움을 구하는 인간과 지구는 떨어질 수 없는 파트너십을 이룬다.
지구와의 근본적인 파트너십을 이해해야
지구의 심장과 연결되고 균형을 이룰 수 있다.

Date . . .

46

When you speak the truth as best you can,
you're adding to the healing energy of the universe.

최선을 다해 진실을 말할 때,
여기에 우주의 치유 에너지가 더해진다.

You can never repay all you've been given by the Creator.
Accept the gifts. Live and share them.

창조자가 주신 모든 것을 되갚을 수는 없다. 선물을 받자.
그리고 이를 나누며 살아가자.

Date . . .

Men, think out your thoughts before
you express anger toward her.
Women, use soft language when you express
your anger toward him.

남자들이여, 그녀에게 분노를 표하기 전에 한 번 더 생각하자.
여자들이여, 그에게 분노를 표할 때 부드러운 언어를 사용하자.

: 존 그레이 :

Feminine awareness is expansive—taking in the whole
picture to discover the parts within.
Masculine awareness tends to be sequential—building
a complete picture from each part.

여성의 알아차림은 포괄적이다.
부분을 발견하기 위해 전체 그림을 들여다본다.
남성의 알아차림은 순차적이다.
부분에서 시작해 완전한 그림을 만들어낸다.

Date.

48

If you put something in its proper home,
you'll feel so good when you go to look for it—
and there it is!

어떤 물건을 적절한 자리에 가져다 놓는다면,
이를 찾으러 갈 때마다 기분이 좋아질 것이다. 짜잔!

:줄리 모건스턴:

Chaos can provide a sense of comfort, safety,
distraction, and protection in your life.
Identify the hidden stakes you may have in clutter.

혼란은 인생에서 편안함과 안전, 기분 전환과
보호의 감각을 안겨줄 수 있다. 정돈되지 않은 상태로 인해
당신이 겪을 수도 있는 숨겨진 위험을 찾아보자.

Date.

EVERYDAY POSITIVE THINKING

V

몸과 마음과 영혼을
하나로 연결하자

1

Say "Out" to every negative thought that comes into your
mind. No person, place, or thing has any power over you,
for you are the only thinker in your mind.
You create your own reality and everyone in it.

마음속에 스미는 모든 부정적인 생각에 "탈락!"이라고 말해보자.
당신에겐 그 누구도, 그 어떤 장소나 물건도 아무런 영향을 미칠 수 없다.
당신의 머릿속에서 당신은 유일하게 생각할 수 있는 사람이기 때문이다.
당신은 당신만의 현실과 그 안의 모든 사람을 창조할 수 있다.

: 루이스 헤이 :

You are the only person
who has control over your eating habits.
You can always resist something if you choose to.

당신의 식습관을 조절할 수 있는 사람은 당신뿐이다.
마음만 먹으면 언제나 무엇이든 거부할 수 있다.

Date . . .

2

Treasure your physical being as a vehicle that houses your
soul. Once you have the inner way, the outer way will follow.

영혼을 담는 그릇인 육체를 소중히 여기자.
일단 내면의 방식을 갖추면 외면의 방식은 따라오게 마련이다.

You get world peace through inner peace.
If you've got a world of people who have inner peace,
then you have a peaceful world.

내면의 평화를 통해 세계 평화를 이룰 수 있다.
내면이 평화로운 사람들로 이루어진 세계는 평화로운 세계다.

Date . . .

3

Everyone has the ability to be psychic(but not necessarily be
a psychic). If you do decide to follow this path,
have the courage to go with your first impression,
and don't be afraid you'll be wrong.
Get your ego out of the way,
and get in touch with your own intuition.

모든 사람은 영혼의 세계와 소통할 수 있는 능력을 갖췄다
(그렇다고 반드시 영매가 될 필요는 없다).
이 방식을 택하기로 결심했다면 용기를 가지고 첫인상을 믿자.
그리고 당신이 틀릴까 봐 두려워하지 말자.
이성은 잠시 접어두고, 직관과 손을 잡자.

: 실비아 브라운 :

If you feel bored, do *something*, for there is always
something to do, see, or explore in this world.
Keep in mind that boredom can also cause depression,
so get out there and live!

지루함을 느낄 때 뭔가를 하자. 이 세상에는 언제나 하고, 보고,
탐색할 일이 가득하니까. 지루함은 우울증을 야기할 수 있다는
사실을 명심하자. 그러니 밖에 나가 삶을 살아내자!

Date .   .   .

4

Meditation allows you to go beyond the mind and get in touch with Spirit. Get to know the 'unified field' intimately, where true success in all fields of endeavor is possible—instantly.

명상을 통해 이성을 넘어 영혼에 닿을 수 있다.
'통일장'*이 무엇인지 긴밀히 알아가자.
이곳에서는 모든 분야의 노력이
즉시 진정한 성공을 거둘 수 있다.

: 디팩 초프라 :

What you dismiss as an ordinary coincidence may be an opening to an extraordinary adventure.

평범한 우연이라 일축하는 것이
어쩌면 평범하지 않은 모험의 시작일 수 있다.

•

통일장이론. 일반상대성이론을 확장해 중력장, 전자기장, 핵력(核力) 등을 물리적 공간의 일정한 성질에 귀착시켜서 일반적인 마당을 통일적으로 논하려는 이론이다.

Date . . .

5

When you understand that your *self*-worth is not determined
by your *net* worth, then you'll have financial freedom.

자존감이 자신의 순자산으로 결정되지 않음을 이해할 때,
금전적으로 자유로워질 것이다.

: 수지 오먼 :

Giving money month-in, month-out, is a way of saying *thank
you* to the world, and also a way of saying *please*.
A pure, charitable gift will always be
returned—many times over.

달마다 돈을 기부하는 것은
이 세상에 '고마워'와 '부탁이야'를 말하는 방식이다.
순수하고 자비로운 선물은 언제나 보상받을 수 있다.
그것도 몇 번이나 반복해서.

Date.

6

What you say and how you say it creates a lasting impression on all who hear you. Expand your vocabulary, and you will increase your impact.

당신이 말하는 내용과 방식은 당신 말을 듣는 모든 사람에게 오래 지속되는 인상을 남긴다. 다양한 어휘를 쓰자. 그러면 영향력을 키울 수 있다.

: 태비스 스마일리 :

Take your focus off of how others see you. Cease being obsessed with the need to impress your friends and your foes. Keep your concern on the vision you see in the mirror. Don't allow the approval of others to obstruct your view of *you*.

다른 사람들이 당신을 어떻게 보는지는 신경 쓰지 말자. 친구와 적에게 깊은 인상을 주어야 한다는 필요성에 그만 집착하자. 당신이 거울로 보는 모습에 관심을 기울이자. 다른 사람들에게 인정받기 위해 자기 자신을 바라보지 못하는 일은 없도록 하자.

Date .

7

Eating nutritious food supports you in living lightly and
energetically within the body. In taking care of the body,
you take better care of the spirit.

영양가 있는 음식을 먹으면 가볍고 에너지 넘치는 몸으로
살아갈 힘을 얻을 수 있다.
육체를 돌보면 정신을 더욱 잘 돌볼 수 있다.

: 메리앤 윌리엄슨 :

Peace is much more than the absence of war and violence;
it is a condition unto itself.
The goal at this point must be the *creation* of peace.
Without love, there is no peace.
Where love is absent, war of some kind is inevitable.

평화는 단순히 전쟁과 폭력이 없는 상태가 아니다.
평화는 그 자체로 하나의 상태다.
이 순간의 목표는 반드시 평화의 창조여야 한다.
사랑 없이는 평화도 없다. 사랑이 없는 곳에 전쟁은 불가피하다.

Date .

8

Believe in other people even if they don't believe in themselves. Listen to them and empathize with them.
Help them affirm their positive traits.
Doing so increases the opportunities for interaction with other proactive people.

다른 사람들을 믿자. 그 사람들이 자기 자신을 믿지 않을 때조차 믿어주자. 사람들의 이야기에 귀를 기울이고 공감해주자.
사람들이 자신의 장점을 확신하게 도와주자.
그렇게 함으로써 다른 진취적인 사람들과의 교류를 늘려나갈 수 있다.

: 스티븐 코비 :

To keep progressing, you must learn, commit, and do—learn, commit, and do—and learn, commit, and do all over again.

계속 발전하기 위해서 반드시 배우고, 몰두하고, 행동하자.
배우고 몰두하고 행동하고, 또 배우고 몰두하고 행동하자.
그리고 다시 이를 반복하자.

Date .

9

Say little. But when you speak, utter gentle words that touch the heart. Be truthful. Express kindness.
Abstain from vanity. This is the Way.

과묵해지자. 다만 말을 할 때는 마음에 와닿는 부드러운 언어를 쓰자.
진실해지자. 다정함을 표현하자. 허영을 버리자.
이것이 바로 방법이다.

: 대니얼 레빈 :

Treat everyone and everything with loving compassion.
When you see no difference between the sacred and the profane, the saint or the sinner,
that is the ultimate wisdom.

모든 사람과 상황에 다정한 자비를 가지고 대하자.
신성함과 모독, 성인과 죄인 간의 차이를 모르겠다면
그것이야말로 궁극적인 지혜다.

Date

10

Always anticipate the best outcome for yourself and others.

언제나 당신 자신과 다른 사람들에 대해 최고의 결과를 기대하라.

Strive to achieve your heart's desires and to release the desires that do not serve you.

마음속 욕망을 채우려 노력하고,
당신에게 도움이 되지 않는 욕망은 놓아주자.

Date

11

When you hear an opinion and believe it, you make an
agreement and it becomes part of your belief system.
The only thing that can break this agreement is to make a
new one based on truth.
Only the truth has the power to set you free.

어떤 의견을 듣고 이를 믿는다면, 당신이 그 의견에 합의하고
신념 체계의 일부로 받아들인다는 뜻이다. 이 합의를 깨뜨리는
유일한 방법은 진실을 바탕으로 새로이 합의하는 것뿐이다.
오직 진실만이 당신을 자유롭게 해줄 힘을 가졌다.

: 돈 미겔 루이스 :

If you have the eyes of love, you see love wherever you go.
The trees are made with love. The animals are made with
love. Everything is made with love.
When you perceive with the eyes of love,
you see God everywhere.

사랑의 눈을 가지면 어딜 가든 사랑이 보인다.
나무도 사랑으로 만들어졌고, 동물도 사랑으로 만들어졌다.
만물이 다 사랑으로 만들어졌다.
사랑의 눈으로 인지하면 모든 곳에서 하느님이 보인다.

Date .

Scale the wall of negativity and self-doubt and
refuse to allow any obstacle to separate you from the
attainment of your dreams.

부정적인 마음과 자기 의심으로 만들어진 벽을 기어오르고,
꿈을 이루지 못하게 가로막는 장애물은 모두 거부하라.

: 키스 해럴 :

Today's preparation determines tomorrow's achievement.
Live each day preparing for the multitude of
opportunities that are to come.

오늘의 준비가 내일의 성공을 결정한다.
다가오는 수많은 기회를 준비하는 하루하루를 살자.

Date

13

Do something just for fun.
Pleasure is one of life's essential nutrients.

그저 재미를 위해 뭔가를 해보자.
기쁨은 삶을 구성하는 가장 중요한 영양소 중 하나다.

: 셰릴 리처드슨 :

Own your magnificence.
The world needs your brilliance and grace.

당신만의 고귀함을 갖춰라.
이 세상은 뛰어나고 우아한 당신을 필요로 한다.

Date .   .   .

Do something new—or at least different—every day.
Know that life is never stuck, stagnant, or stale, for each
moment is ever-new and fresh.

새로운 일, 아니면 적어도 다양한 일을 매일 해보자.
인생은 결코 꽉 막히거나 고여 있거나 진부할 수 없음을 명심하자.
매 순간은 언제나 새롭고 신선하기 때문이다.

: 루이스 헤이 :

From time to time, ask those you love,
"How can I love you more?"
Enduring, loving relationships will brighten your life.

가끔은 사랑하는 이들에게 물어보자.
"어떻게 하면 당신을 더 사랑할 수 있을까요?"
인내하고 사랑하는 관계는 당신의 삶을 더 환하게 밝혀줄 것이다.

Date . . .

Do the right thing ⋯
especially when no one is watching.

올바른 일을 하라.
특히 아무도 보고 있지 않을 때도.

Discover the blessings you already have.

이미 당신이 누리고 있는 축복들을 깨달아라.

Date . . .

16

You are a piece of the chain of light that is the Universe itself—therefore,
you are indeed a part of God.

당신은 그 자체로 우주인 빛의 사슬 중 일부다.
그러므로 당신은 사실 하느님의 일부다.

: 크라이온 :

Celebrate your life no matter where it takes you—no matter
how difficult—and know that it is only a transition.

인생이 어떻게 흘러가든, 아무리 힘겨울지라도 이를 찬양하라.
그리고 이는 그저 과도기일 뿐임을 명심하라.

Date . . .

17

What wound have you left unhealed?
Are you willing to begin healing today?
An unhealed wound drains you of the very energy needed to
live beyond the wound.

어떤 상처가 치유받지 못한 채 남았는가?
이제 기꺼이 치유받으려 하는가? 치유받지 못한 상처는 당신이
이를 극복하며 살아가는 데 필요한 바로 그 에너지를 앗아간다.

: 이얀라 반잔트 :

Until today, you may have been holding on to things for fear that they would not be replaced in your life. *Just for today*, imagine what your life would be like if you were to receive something *better* than what you're holding on to right now.

오늘에 이르기까지, 당신은 살면서 대체할 수 없을까 봐 두려운 것들을 붙들고만 있었을 수도 있다. 오늘 하루만이라도 지금 당장 붙들고 있는 것보다 더 좋은 뭔가를 얻을 수 있다면 인생이 어떻게 될지 상상해보자.

Date .   .   .

18

From the dawn of time, God has known you and loved you.
He's not waiting today for you to get it together.
He's waiting for you to come to Him with open,
empty hands.

세상이 동트던 때부터 하느님은 당신을 알고 사랑해오셨다.
하느님은 지금 당신이 모든 일을 훌륭히 해내길 기다리지 않으신다.
당신이 빈손을 활짝 펴고 다가오길 기다리고 계실 뿐.

If your relationship with God is injured,
apologize today for your attitudes and thoughts.
Tell God you have misunderstood His actions and badly
misjudged His character.
Tell Him exactly how you have felt and why,
and ask Him for His forgiveness.

하느님과의 관계가 망가졌다면 지금 당신의 태도와 생각을 사과하라.
하느님의 행동을 오해하고 성격을 잘못 판단했다고 털어놓아라.
하느님에게 당신이 어떻게 느끼고 왜 그렇게 느꼈는지를
정확히 말씀드리고 용서를 구하라.

: 브루스 윌킨스 :

Date . . .

19

Respect yourself.
You're the best judge of what's right.

자기 자신을 존경하라.
당신은 무엇이 옳은지 판단할 수 있는 최고의 판사다.

: 셰릴 리처드슨 :

Reconsider a commitment.
You have the right to change your mind.

약속을 다시 살펴보자.
당신에게는 마음을 바꿀 권리가 있다.

20

Have faith during inevitable conflict.
Be willing to hang in there.
You never know how something will turn out.

불가피한 갈등이 생겨났을 때 믿음을 갖자.
갈등 속에서도 기꺼이 잘 버텨보자.
어떤 결말이 펼쳐질지는 결코 알 수 없다.

: 크리스티안 노스럽 :

Acknowledge the intellectual and
creative contribution of others.
Simultaneously appreciate your own.

다른 사람들의 지적이고 창조적인 기여를 인정하자.
동시에 자신의 기여를 제대로 인식하자.

Date . . .

21

Words make a powerful impact, and they're not easily
forgotten. Wounds inflicted by words of anger or hate can
last a very long time.

말은 강력하게 영향을 미치고, 쉽게 잊히지 않는다.
분노나 미움이 담긴 말로 생겨난 상처는 아주 오래도록 지속된다.

: 브라이언 와이스 :

Love others fully and with all your heart,
and do not fear, do not hold back. The more you give,
the more will return to you.

다른 사람들을 온전히, 온 마음을 다해 사랑하라.
두려워하지 말고 물러서지 마라.
더 많이 내줄수록 더 많이 돌아올 것이다.

Date . . .

22

How do you define "taking care of yourself"?
Create a new self-care practice today.
Observe your comfort level when it comes to being good to yourself. Discomfort is a wise teacher.

'자기 자신을 돌보다'를 어떻게 정의하겠는가?
오늘 새로운 자기돌봄의 방법을 만들어보자.
자신을 잘 돌볼 때 어느 정도에서 편안함을 느끼는지 관찰해보자.
불편함은 현명한 스승이 될 수 있다.

: 캐럴라인 미스 & 피터 오키오그로소 :

Practice the healing power of a compassionate mind.
Open your heart to other people without judgment,
and radiate the message of delight
at having them in your life.

연민 어린 마음의 치유력을 발휘해보자.
다른 사람들에게 잣대를 들이대지 말고 마음을 열어보자.
그리고 인생에서 그 사람들을 만나게 된 기쁨의 메시지를 전하자.

Date

23

Your unique creative talents and abilities are
flowing through you and are being expressed in deeply
satisfying ways. Your creativity is always in demand.

당신이 지닌 독특한 창조적인 재능과 능력은 당신을 통해
흘러나가 깊이 만족스러운 방식으로 표현될 수 있다.
당신의 창조력을 바라는 이는 언제나 많다.

: 루이스 헤이 :

Everything in your life—every experience, every
relationship—is a mirror of the mental pattern
that's going on inside of you.

인생의 모든 것, 모든 경험과 모든 인간관계는
당신의 내면에서 작동하는 정신적인 패턴을 비추는 거울이다.

24

You aren't facing death alone; God is with you.
You may be facing unemployment, but you aren't facing
unemployment alone; God is with you. You may be facing
marital struggles, but you aren't facing them alone; God is
with you. You may be facing debt,
but you aren't facing debt alone; God is with you.
You are not alone.

당신은 홀로 죽음을 마주하지 않을 것이다. 하느님이 함께 계실 테니까.
어쩌면 실직할 수도 있지만, 홀로 마주하지 않을 것이다. 하느님이 함께
계실 테니까. 어쩌면 결혼 생활에서 어려움을 겪을 수도 있지만,
홀로 마주하지 않을 것이다. 하느님이 함께 계실 테니까.
어쩌면 빚을 지게 될 수도 있지만, 홀로 마주하지 않을 것이다.
하느님이 함께 계실 테니까. 당신은 혼자가 아니다.

: 맥스 루카도 :

Loneliness could be one of God's finest gifts.
If a season of solitude is God's way to teach you to hear
His song, don't you think it's worth it?

외로움은 하느님이 내주시는 가장 귀한 선물일 수 있다.
고독의 시간이 하느님의 노래를 들으라고 가르치는 그의 방식이라면,
그만한 가치가 있지 않을까?

Date

Trust is the essence of Win-Win relationships. Because you
trust others and they trust you,
you can be open; you can put your cards on the table. Even
though you may see things differently,
you're committed to understanding each other's viewpoints.

신뢰는 '윈-윈' 하는 인간관계의 핵심이다.
당신은 다른 사람들을 믿고, 다른 사람들은 당신을 믿기 때문에
마음을 열고 솔직해질 수 있다. 저마다 상황을 다르게 보더라도
서로의 관점을 이해하는 데 열중하게 된다.

: 스티븐 코비 :

Taking the initiative doesn't mean being pushy, obnoxious,
or aggressive. It means creating an atmosphere where
others can seize opportunities and solve problems in an
increasingly reliant way.

주도권을 쥔다는 것은 지나치게 강요하거나, 불쾌하거나,
공격적으로 군다는 의미가 아니다.
다른 사람들이 기회를 포착하고 더욱 의존적인 방식으로
문제를 해결할 수 있는 분위기를 만든다는 의미다.

Date . . .

26

Illness is a sign of separation from God,
and your healing lies in returning to Him.
The return to God is merely the return to love.

질병은 하느님으로부터 분리되었다는 신호로,
그에게 돌아가야 치유를 받을 수 있다.
하느님에게로 돌아가는 것은 그저 사랑으로 돌아가는 것이다.

: 메리앤 윌리엄슨 :

Your primary work in life is to love and forgive.
Your secondary work is your worldly employment.
The meaning of work, whatever its form,
is that it be used to heal the world.

인생에서 당신이 맡은 주된 일은 사랑하고 용서하는 것이며,
세속적인 직업은 부차적인 일이다. 일의 의미는 어떤 형태의 일이든
세상을 치유하는 데 있다.

Date . . .

27

Pick up the pace of your life. Add a new activity, make a new
acquaintance, read a new book, or take a new course.
Move outside your everyday mundane existence.
Add a new beat and expand your boundaries.

인생의 속도를 높이자. 새로운 활동을 추가하고, 새로운 인연을 맺고,
새로운 책을 읽거나 새로운 수업을 듣자. 일상적이고 평범한 생활에서
벗어나자. 새로운 박자를 더하고 영역을 넓혀가자.

: 태비스 스마일리 :

The words you use to describe others make sharp You-turns.
Your judgments, criticisms, and compliments boomerang
back to you. What you say about others,
you're also saying about yourself.

당신이 다른 사람을 묘사하는 말은 정확하게 당신에게로 되돌아온다.
당신의 평가와 비판, 그리고 칭찬은 부메랑처럼 돌아온다.
다른 사람들을 언급하는 것은 자기 자신을 언급하는 것이기도 하다.

Date . . .

28

When it comes to every financial decision you'll make for the rest of your life, you'll choose correctly if you go with your first instinctual response. That answer will always be the right one for you, the one that will empower you to make money for yourself.

여생 동안 내릴 모든 금전적인 결정에서 처음 떠오르는 본능적인 대답을 따른다면 똑바로 선택할 수 있다. 그 답은 언제나 올바르며, 혼자 힘으로 돈을 벌 수 있게 해줄 것이다.

: 수지 오먼 :

If you want to change your financial ways, just change. Don't stop to analyze, or to ask why or how. Just change.

금전적인 방식을 바꾸고 싶다면 그냥 바꾸면 된다. 분석하기 위해, 아니면 '왜'나 '어떻게'를 묻기 위해 멈추지 말자. 그냥 바꾸자.

Date .

29

How you treat people—whether it be an old friend or
a teller at the bank—is indicative of how you can expect
people to treat you.

오랜 친구든 은행 직원이든, 당신이 사람들을 대하는 방식은 당신이
사람들에게 어떤 대우를 받길 기대하는지를 보여주는 지표다.

: 디팩 초프라 :

When you recognize and acknowledge your personal power,
you no longer need to feel superior or
inferior to anyone else.

당신이 자신의 개인적인 능력을 깨닫고 인정할 때, 더 이상 다른
누군가보다 우월하거나 열등하다고 느낄 필요가 없다.

Date . . .

30

Your dreams can be a "vent" for all the negativity you've absorbed in your waking hours. Before you go to sleep, just ask God what you would specifically like to accomplish in your dreams, and you'll be amazed at the results.

꿈은 당신이 깨어 있는 시간 동안 흡수하는 모든 부정적인 것의 '배출구'다. 잠자리에 들기 전에 당신이 꿈속에서 특히 무엇을 이루고 싶은지 하느님께 묻자. 그 결과에 감탄하고 말 것이다.

: 실비아 브라운 :

There are many truths, but the one that is universal, constant, and unchanging is: *God is omnipotent and perfect*. Everything else is just frosting on the cake!

이 세상에는 수많은 진실이 존재하지만, 단 한 가지 보편적이고 지속적이며 변하지 않는 진실은 바로 하느님은 전지전능하고 완벽하다는 것이다. 그 외에 모든 것은 그저 케이크에 올린 설탕 장식과 같다!

Date .

31

Remember that life is very simple. You create your
experiences by your thinking and feeling patterns.

인생은 아주 단순하다는 사실을 기억하자.
당신이 생각하고 느끼는 패턴으로 경험을 창조해나갈 수 있다.

In this new age of enlightenment,
you can learn to go within to find your own savior.
Know that *you* are the power you're looking for.

이 새로운 계몽의 시대에 당신은 내면에서 당신만의 구세주를
찾는 법을 배울 수 있다. 당신이 찾아 헤매던 힘이
바로 당신임을 깨닫자.

Date . . .

작가의 말

우리 헤이하우스는 기쁘게도 아주 특별한 작가들을 가족으로 맞이할 수 있었다. 독자 여러분이 매일매일 좋은 생각을 떠올리는 데 도움을 주고 싶어서 '긍정 메시지 카드' 중에서 몇 가지를 골라보았다.

괜찮아, 잘될 거야! 인생은 아름다워!

참고 문헌

Abraham-Hicks Well-Being Cards(by Jerry and Esther Hicks): www.abraham-hicks.com

Attitude Is Everything™ Cards(by Keith D. Harrell): www.keithharrell.com

Comfort Cards(by Max Lucado): www.maxlucado.com

Dream Cards(by Leon Nacson): leon@hayhouse.com.au

Empowerment Cards(by Tavis Smiley): www.tavistalks.com

Healing Cards(by Caroline Myss): www.myss.com,

Healing Cards(by Peter Occhiogrosso): www.joyofsects.com

Healing the Mind and Spirit Cards(by Brian L. Weiss, M.D.): www.brianweiss.com

Healthy Body Cards, I Can Do It® Cards, Power Thought Cards, and Wisdom Cards(by Louise L. Hay): www.hayhouse.com

Heart and Soul(by Sylvia Browne): www.sylvia.org

If Life Is a Game, These Are the Rules Cards(by Chérie Carter-Scott, Ph.D.): www.drcherie.com

Inner Peace Cards and The Power of Intention Cards(by Dr. Wayne W. Dyer): www.drwaynedyer.com

Kryon Cards(by Lee Carroll): www.kryon.com

Magical Mermaids and Dolphins Oracle Cards(by Doreen Virtue, Ph.D.): www.angeltherapy.com

Manifesting Good Luck Cards(Growth and Enlightenment, Love and Relationships, Success and Money, by Deepak Chopra, M.D.): www.chopra.com

MarsVenus Cards(by John Gray): www.marsvenus.com

Miracle Cards (by Marianne Williamson): www.marianne.com

Money Cards (by Suze Orman): www.suzeorman.com

Organizing from the Inside Out Cards (by Julie Morgenstern): www.juliemorgenstern.com

Self-Care Cards (by Cheryl Richardson): www.cherylrichardson.com

The 7 Habits of Highly Effective People® Cards (by Stephen R. Covey): www.franklincovey.com

The Four Agreements Cards and The Mastery of Love Cards (by DON Miguel Ruiz): www.miguelruiz.com

The Prayer of Jabez™ and Secrets of the Vine™ Cards (by Dr. Bruce Wilkinson): www.brucewilkinson.com

◆ 함께 쓴 작가들

다니엘 레빈 Daniel Levin

도린 버추 Doreen Virtue

돈 미겔 루이스 DON Miguel Ruiz

디팩 초프라 Deepak Chopra

리언 낙슨 Leon Nacson

맥스 루카도 Max Lucado

메리앤 윌리엄슨 Marianne Williamson

브라이언 와이스 Brian L. Weiss

브루스 윌킨슨 Bruce Wilkinson

셰리 카터-스콧 Chérie Carter-Scott

셰릴 리처드슨 Cheryl Richardson

수지 오먼 Suze Orman

스티븐 코비 Stephen R. Covey

실비아 브라운 Sylvia Browne

앤 윌슨 샤프 Anne Wilson Schaef

에이브러햄-힉스 Abraham-Hicks (by 제리 힉스 Jerry Hicks, 에스더 힉스 Esther Hicks)

웨인 다이어 Wayne W. Dyer

이얀라 반잔트 Iyanla Vanzant

존 그레이 John Gray

줄리 모건스턴 Julie Morgenstern

캐럴라인 미스 Caroline Myss

크라이온 Kryon (by 리 캐럴 Lee Carroll)

크리스티안 노스럽 Christiane Northrup

키스 해럴 Keith D. Harrell

태비스 스마일리 Tavis Smiley

피터 오키오그로소 Peter Occhiogrosso

인생을 바꾸는
매일 긍정 생각

1판 1쇄 인쇄　2025년 7월 14일
1판 1쇄 발행　2025년 7월 31일

지은이　　　루이스 헤이
옮긴이　　　김문주

발행인　　　황민호
본부장　　　박정훈
책임편집　　신주식
편집기획　　김선림 최경민 윤혜림
마케팅　　　이승아
국제판권　　이주은 한진아
제작　　　　최택순 성시원

발행처　　　대원씨아이(주)
주소　　　　서울특별시 용산구 한강대로 15길 9-12
전화　　　　(02)2071-2095
팩스　　　　(02)749-2105
등록　　　　제3-563호
등록일자　　1992년 5월 11일

www.dwci.co.kr

ISBN　　　979-11-423-2408-6　03190

- 이 책은 대원씨아이(주)와 저작권자의 계약에 의해 출판된 것이므로, 무단 전재 및 유포, 공유, 복제를 금합니다.
- 이 책 내용의 전부 또는 일부를 이용하려면 반드시 저작권자와 대원씨아이(주)의 서면 동의를 받아야 합니다.
- 잘못 만들어진 책은 판매처에서 교환해 드립니다.
- 책 가격은 뒤표지에 있습니다.